松浦弥太郎 MATSUURA YATARO

1965年出生於東京。高中未畢業，即隻身遠赴美國等地遊歷闖蕩，體驗最純粹的生活。回國後，便按照自己的步調，一步一步實現他開設書店的夢想，現任「Oishi kenko Inc.」董事，同時也是書商、作家。

1992年—成立販賣舊雜誌和專業書籍的「m&co.booksellers」。
1994年—於赤坂「Huckleberry」內設置書店；1997年將店面遷移至中目黑。
2000年—創立以兩噸重貨車為載具的移動書店「m&co.traveling booksellers」。
2002年—與GENERAL RESEARCH的創辦人暨設計師小林節正於中目黑共同開設「COW BOOKS」。
2003年—於南青山Dragonfly CAFE開設「COW BOOKS」二號店。
2007年—接任日本老牌生活雜誌《生活手帖》總編輯。
2015年—4月加入Cookpad團隊。
2016年—成立「生活的基本」網站，擔任CEO。
2017年—接任「Oishi kenko Inc.」董事迄今。

著有《本業失格》、《口哨目錄》、《最糟也最棒的書店》、《旅行的所在》、《今天也要用心過生活》、《嶄新的理所當然》、《謝謝你》、《給40歲的嶄新開始》等作品。

張富玲｜**譯者**｜台大日文系畢，曾於翻譯公司、出版社任職，現為文字工作者。譯有《松浦彌太郎·生活中的巧思與發現筆記三部曲》、《京都三六五日。生活雜貨曆》、《總覺得波斯菊的影子裡藏了誰》等書。

COVER DESIGN ———— 許晉維 hsujinwei.design@gmail.com

嶄新的理所當然

あたらしいあたりまえ。

松浦弥太郎
MATSUURA YATARO
張富玲——譯

麥田出版

嶄新的理所當然

あたらしいあたりまえ。

松浦弥太郎

MATSUURA YATARO

前言——發現「理所當然」的方法

每天的工作和生活儘管樸實簡單，但我希望經常能有新意。

「新意」也就是朝氣蓬勃的天真，閃閃發亮的鮮度，溫情和柔軟度。

工作與生活是一種與社會接軌的行為，使我們可以因分享而得到莫大的幸福。

那麼，我們究竟要與家人、其他人和社會分享什麼呢？

為此我經常思考，去揣想。

我想那即是對未來的好奇心與疑問，去想像「在不遠的未來會出現的新事物……」日復一日什麼都不思考、不去想，只是一味重複做著別人決定好的事，或者不得不去做的事，我想沒有比這更無聊、更累人的生活了。所以，我希望和昨日的自己比起來，今天的自己能多少有所不同。如果今天能過得有新意，能以自己的方式度過重要的一天，光是這樣就值得開心了。

在工作與生活中我們應該與社會分享的，我想就是自己所發現的，所用心創造的，所意識到的新原則吧。

又，那是針對什麼的新原則呢？

在每天的工作和生活中，有很多大家覺得理當如此的事情和理當如此的做法、理當如此的想法、理當如此的規則等，充滿了大大小小「理所當然應該這麼做」的事。

但一件一件去仔細檢視之後，你會發現裡頭有「很古老的理所當然」、「有點過時的理所當然」、「自己喜歡的理所當然」、「自己不喜歡的理所當然」，或「最近的理所當然」等，分成很多種類。

去思考那些「理所當然」是什麼，也就是對自己工作上和生活上的心境和行事方法抱持關心，用放大鏡檢視，去重新評量那些被視為理所當然應該這麼做的觀念。

這麼一來，「啊，應該這樣做才對」、「這個想法不錯」、「這樣想比較好」，各種新原則便會一個接一個自然湧出。而你要拿出勇氣，當下在自己的生活中實現那些想法。

我並不是要你捨棄古老的價值觀念，因為舊價值觀是新價值觀之母，請珍惜牢記在心吧。

在每天每天的工作和生活中，我不斷思考，揣想，去嘗試。用心重新評量此時此刻出現在眼前的「理所當然」，以便去發現全新不同的「理所當然」。

想發現嶄新的「理所當然」，你必須對自己的工作和生活抱持高度興趣，此外，重要的是，你得投入愛情去打理，面對任何事都拿出勇氣。因為即使發現了新的原則，卻仍是依循著舊的準則，不去活用，那也不行。為此，你需要勇氣。

這本書裡記述的是我發現的新生活原則，是我個人的建議。要發現新的「理所當然」，誰都辦得到的。如果有機會與大家分享彼此發現的「理所當然」，那生活該會有多幸福啊。

CONTENTS

目　錄

あたらしいあたりまえ。

CHAPTER ONE

1

期待明天

去發現新鮮事

CHAPTER TWO

2

快樂過今天

花點小心思，讓每天的生活變好玩

CHAPTER THREE

3

不拘泥於昨天

拋去無謂的「堅持」

CHAPTER FOUR

4

恰恰好的每一天

找出自己的步調、原則與平衡點

CHAPTER ONE
1

期待明天

去發現新鮮事

心中的桌子

我有張尺寸恰恰好的小桌子。

那張桌子就在我的心中。

那張桌子還附了一張沒有裝飾但坐起來很舒服的椅子。

只要面對著那張桌子，我就能集中心神，一個人思考。

為了全心全意進行思考這件事，我在心中準備了「專屬於自己的空間」。對我而言，那就是擺在我心中的小桌。

不過，最近我心裡的家具增加了。我試著擺了一張可以讓其他人坐下的大餐桌，因為現在的我在學習如何與人共事，學習如何與人共度人生。所以我拿定主意要準備一個地方，以便隨時都能與他人面對面坐下。

明明是一起共事的夥伴或朋友、重要的家人，自己卻總是一面做著什麼事一面和他們說話，這實在是件寂寞的事。如果老是趁錯身而過時交換三言兩語，或是站著聊天，未免也太落寞了。

我希望即使兩個人實際上是站著說話，也能用心地對話，就像彼此是在我心中的大桌相對而坐那樣。因為這層考量，我才在心中準備了一張可以與大家分享的桌子。我在心裡想著，讓我們坐下來好好談談吧。

那張桌子並不僅限兩個人使用，是大家可以湊在一起熱熱鬧鬧的大小。我還擺了幾張椅子，就算是不認識的人，如果對方高興也能坐下來說話。

那是張相當大的桌子，可供人坐在那裡看書，小孩子可以在那裡寫功課，老奶奶也能在一旁挑豆筴。

年輕時一無所有在國外流浪的時候，我曾遇過一張歡迎我的大桌子。在那張大桌子上，有人在打牌，也有人在看雜誌，有人舉杯喝酒。

我在一角坐下，知道有個地方隨時可以接納自己，對隻身一人的我而言這是莫大的驚喜，令我放下心來，十分自在。

或許是年輕時的經驗使然，開設COW BOOKS的時候，雖是二手書店，但比起書架要怎麼做，我最先考慮的卻是桌子該怎麼擺。倘若能使想歇腳的客人儘管互不相識，不聊天，也能感受到同為一體的的歸屬感，我想那一定很棒。

在心中擺了一張桌子後，我不管是面對工作對象，還是家人朋友，隨時都做好了與人面對面的準備。

此外我也覺得，只要在心中準備一處可隨時供人入座、從容談話的場所，你便能溫柔待人。

當然，我也十分珍惜地預留了只屬於自己的小桌，對我而言，躲進那裡獨處凝思是不可或缺的重要時刻。那張桌子永遠都是一人座，我不打算與人分享。

雖是如此，我卻同時擺了一張大桌，或許，這代表我已經成了一個除了單人房還需要客廳的成年人了。

〇為了與他人從容相對，去排出可以獨處的時間吧。

〇你在心中準備了自己的「空間」嗎？

約定真正的意義

約定的目的並不是去遵守。

約定，是要讓人開心。

「星期一之前，我會交出文件。」

訂下約定後，然後趕在星期一傍晚前設法交出文件，但光是這樣，還不算履行了約定。

如果只看「截止日」和「期限」，那麼你只要在那天之中完成約好的事就行了，可是如果你把這件事當約定看待，那就一定得讓對方開心才行。

讓那個人開心，也就是幫上對方的忙。

如果對方必須在星期一拿到文件，那麼就在早上給他，而且是交給他品質好的東西。這才算是幫上對方的忙，遵守了約定。

遵守交稿期限有種「受支使」的感覺，但如果把這視作想讓對方開心的約定，這項行動也就變作「自發性」的行為。

一份資料，一張傳票，如果做之前先設想一下如何做才能使對方開心，我想工作一定能順利進行，氣氛也會變得融洽許多。就算只是附上一張便條也好，只要抱持著想讓對方開心的心意，就連這麼做的自己也會連帶高興起來的。

這不僅限於工作。

和家人約好了，「每天早上都要說早安喔」。

然而，如果只是看都不看對方一眼，在嘴裡含糊不清地說聲「早安」，我想那並不算是履行了約定。「我說早安了，有說不就行了？」，如果是抱持著這種態度，對方不僅不會開心，也完全失去道早安的意義。

這件事很簡單，不過是改變詞彙的定義，人就能變得更體貼，大家可以生活得更朝氣蓬勃。

請記得，「約定，是讓人開心」。

○約定，是自己主動想替對方做點事。

○希望別人怎麼對待自己，就怎麼去對待別人。

朋友這面鏡子

旅途中突然想到一件事，於是我拿出一張紙。

那時我在一個靠近海邊的鄉間地方想事情。

我在那張紙上一一寫下了朋友的名字。因為對我而言，朋友最重要。家人當然也很重要，可是他們有部分已經和自己成為一體，無法像朋友那般從外側觀望。

但拿出紙筆之後，很意外的，我竟然遲疑了。

「第一個要寫誰呢？」

我立刻就遇到問題，心裡很猶豫。

我不是朋友像山一般多的人，但仍有幾位無可取代的好朋友。要在其中選擇一人，把他的名字寫在最前面，令我苦惱了好一會兒。

最後，我寫下了第一個名字，但這會兒我的心情又換成了訝異，「咦？這個人是第一名嗎？」。

訝異的事還不止一件。

有些人明明和自己很親近，但你就是不會想到他的名字。

有些人則是在旅途中結識的，真正來往不過一個月左右，但我毫不猶豫地認定「這人是朋友」，把對方寫進朋友名單。

有些人你雖然很喜歡，卻又覺得「把他寫進朋友名單，似乎不太對」。

還有些人雖然經常見面，但你不覺得他們是朋友；而有些人十年來的互動只有寄賀年卡，但你立刻就寫下了對方的名字。

價值觀、共通點、認識的時間，曾一起做過多少事。

或許朋友關係是無法靠這些標準來判定的。

寫完名單之後，可能會納悶「奇怪？我只有這些朋友嗎？」，也可能會意外「原來我有這麼多朋友啊！」。看著那張薄薄的紙頁，我漸漸覺得那就像一面映照著自己的鏡子。

「啊啊，原來我是生活在這樣的世界裡，這樣想事情，這樣子的人啊。」

真是奇妙，就在思索朋友的事情時，自己的內在也漸漸浮上表面。「寫出朋友的

名字」這件單純的事，竟可以做為認識真正的自己的具體幫助。

沒寫下某人名字的時候，會覺得寂寞得不得了。

而寫下某人名字的時候，心情又開心得不得了。

這種複雜的心境變化或許映照出了我這個人吧。

清楚地認知自己喜歡什麼，是和誰來往，其實是一件可怕的事。因為你也會發現自己和別人不同而且並不想承認的部分。

不過，儘管如此仍不別過頭，去看清那些「差異」的話，朋友這面鏡子可以讓你看見自己的真面目。只要知道自己的本來面目，對事物的看法便不會失焦，也不容易隨波逐流了。

○在一張紙上試著寫下朋友的名字吧。

○朋友這面鏡子會映照出自己真正的模樣。

茶與功德

鄭桑一天會喝上好幾杯茶。

鄭桑出身自擁有茶藝這項美好傳統的台灣，他泡的茶也是能夠暖和身子，香氣怡人的中國茶。

不過，鄭桑的茶用的並非特別的茶葉，泡法也是比照那片土地的百姓向來品茗的習慣，十分簡單。只要用一只略大的茶杯，茶葉份量則按喜好添加，然後直接沖熱水就行了。

形式很輕鬆，能夠自在品嚐。正因為這般隨意，所以美味。

經由定居台灣的朋友介紹，我認識了二十五年來在台灣製作舒適好穿的日常布衣的鄭桑。鄭桑研習東洋思想哲學，並將其表現在服飾製作上。聽他說話，教人怎麼聽都不厭倦。

舉個例子，中國有陰陽調和思想。他們認為就像月亮和太陽，女人與男人，萬事

萬物皆有相對而立的一方，不宜有所偏頗。

而鄭桑給我的感覺，不管是在服裝製作，還是待客方式、個人生活方式，都是採用這種思想來進行。我深受吸引，自此只要去台灣，我都會去喝鄭桑的茶。

一面喝茶，鄭桑偶爾會突然拋出讓人心裡一顫的問題。

「在你的店裡，是理性地接待客人呢？還是感性地對待客人呢？」

他想傳達的，應該是理想和感性兩者的平衡很重要吧。

今年春天去拜訪他的時候，鄭桑一面喝茶一面告訴我以下的故事。

有一次，有個客人上鄭桑的店裡買衣服。

設計簡單的襯衫、低襠褲、中國傳統服飾風格的連身裙，鄭桑製作的衣服和流行扯不上關係，也不特別華美，但每一件都有擄獲人心的力量；而且衣料是以植物顏料染製，色彩種類繁多。那位客人似乎也是深受吸引的愛好者之一，只見對方專注地一件一件仔細品味，並選購了好幾件衣服。

可是結帳的時候，對方發現自己帶的錢不夠。當時，鄭桑這麼說：

「你現在能付多少就付多少，衣服全帶走吧。」

我聽了大吃一驚，但更教人吃驚的是鄭桑接下來的話。

「你現在付了這些錢，餘款還有〇〇元。」

鄭桑對客人這麼說，把金額寫在紙上。一般店家都會把這當作賒帳處理，為了確保客人事後會來付錢，還會詢問對方的聯絡方式並記錄下來。但鄭桑在那位客人離開之後，立刻把那張紙條給撕了。

「不只是撕破，在撕掉的瞬間，我就把這筆帳給忘了。」

我以為他是不願事後生氣客人不來付錢，但似乎並非如此。

有事後會來付錢的客人，但也有客人自此從未上門，但鄭桑似乎並不介意。

「人行善會有功德或福德。功德是一種完全不求回報的無償行為，福德則相反。收取與商品等值的金錢，以及世上所有的工作，都是福德。對我而言，功德和福德保持平衡是必要的。正常地工作，正常地生活，人會逐漸積累福德。但有時候，我們也必須有意識地去做些功德。」

在日常生活中，我們要經常地去問：「做這件事是功德？還是福德？」鄭桑平靜地這麼說。

「做這件事是功德？還是福德？」

這門我從未接觸過的深奧學問，隨著茶湯，一點一滴地滲透到我的心中。

今後，我還想繼續品嚐鄭桑的茶，一杯又一杯。

○對不同的價值觀時時保持關注吧。

○提到無償的行為，你會想到什麼事呢？

看著對方眼睛說話

我懂得這個道理，是在女兒年紀還小的時候。

「回到家後，要去洗手。」

「吃完飯要說一聲『我吃飽了』。」

那些我覺得很重要，希望她能好好記住的事情，如果不直視著女兒的眼睛對她說，往往一點效果都沒有。

就算說話的聲音再怎麼嚴厲，倘若是一面看報紙一面傳達的，就一點也沒用。

「爸爸雖然這麼說，可是洗手這種事根本沒什麼大不了嘛。」

不好好看著他們的眼睛說，小孩子就會這麼判斷。假使你別過眼去，不管嘴裡再怎麼嘮叨，孩子們就是不肯乖乖說「我吃飽了」。

看著對方的眼睛說話，是互相理解，傳達訊息，促進溝通的祕訣。有效的對象並不僅限於小孩子，不管是在公司還是在家庭中，在任何場合都行得通。

長大成人後，常會遇到牽扯不清的紛爭。

一群成長環境、價值觀、思考模式都不同的人集聚一堂，會發生意見分歧，誤解，導致糾紛的情況也不奇怪。

「只要好好談談，雙方就能互相了解」，很遺憾的，這個意見在我看來只是理想主義。事實上，情況往往得靠一方妥協或者雙方各讓一步解決，不可能有百分百完美的解決之道。

「再說也是沒用，反正只是重複同樣的話」，談到最後雙方都厭煩了，於是便放棄溝通──如果置之不理就會落得這種下場，這樣的情況並不少見。

遇到無論如何都不想放棄溝通的時候，我會想起這個方法：就算雙方意見嚴重分歧，紛爭愈演愈烈，也一定要直視著對方的眼睛發言。

即使兩派看法沒有交集，談到最後仍是兩條平行線，只要直視著對方的眼睛說話，很奇妙的，便會自然而然對對手產生敬意。

就算覺得「他說的話不對！」，如果是看著對方的眼睛聽他說話，對「那個人的人格」會開始產生另一種感覺。即使無法認同他的意見，但能認同對方這個人。

就算雙方議論不休，只要是看著彼此的眼睛說話，便會萌生出一種奇妙的一體感。最後儘管沒有達成共識，但事情發展也不會往壞的方向走。這方法我試驗過了好幾次，保證有效。

疲累的時候，沮喪的時候，人會沒辦法直視對方的眼睛說話。但若是一味低著頭，不好的事態只會惡化下去。

所以，不要再一面洗碗一面談重要的事了；從電腦螢幕抬起頭來，直視著對方的眼睛說話吧。

就算對方是你無法理解的對象，或是無法接受的人，只要掌握了這個訣竅，你們之間一定能產生另一種關係。

○今天，你有看過和你說話的人的眼睛嗎？

○有些關係是你直視著對方的眼睛說話後才會建立的。

特別的咖哩飯

「這個月要去旅行，把這當作期待，好好加油吧！」
應該有很多人會像這樣為自己的生活打氣吧。
我也會做類似的事情，其中之一便是與人碰面。
「這個月和朋友約了吃飯，把這當作期待，認真工作吧！」
「雖然遇到了一些討厭的事，但可以和〇〇見面，能夠散散心。」
就像這種感覺。

我和別人提起這件事，結果他們納悶地問我：「不過只是和朋友見面，也能和旅行之類的特別活動相提並論嗎？」

可是，對我而言這的確是個大活動，一點也不日常。因為我一個月頂多只有一次這種機會。我知道獨處的重要，想守護一個人的時間，因此我決定「不超出必要地與人見面」。

因為是機會難得的重要活動，我會扳著手指數著和朋友見面的日子，用心地準備，一連好幾天期待不已。

等到見面的時候，那真是高興極了，我全副心神都集中在與對方相處的時刻。

正因為非常喜歡，所以才不經常見面——那麼一來，偶爾相見時的感動也會自然而然變得濃厚。友情「不宜過於親密」，這可說是朋友為了能相互敬重、長久交往的一種智慧吧。

不只是與人交往，愈重要的東西，我愈不會要得太多。

如果把這當成一種新的處世原則，重要的東西便會變得更重要，更特別。

舉例來說，我非常喜歡吃咖哩飯，但我一年至多只會吃三次。生日一次，其餘兩次像是發生好事的日子，或是因緣際會之下的巧合。這種日子，我會歡天喜地地好好享用一頓。

我喜歡的，是母親在家裡親手做的那種極為家常的咖哩飯。

咖哩飯可以說是日本人的國民美食之一吧。在我家裡，妻子和女兒平常也會吃咖哩，但我只有在生日的時候才會吃。

我吃的不是正統的印度咖哩，也不是加了什麼神祕的獨家香料，不過是用馬鈴薯、紅蘿蔔和洋蔥做成的平凡咖哩飯。但在生日那天吃到的咖哩飯，美味得我眼淚都快流下來。

自己為日常生活增添一點感動吧。像這樣讓自己「處在稍嫌不夠的狀態」，相當有效。

小時候買冰淇淋，在商店門口將銅板緊握在手心直到變暖，一直猶豫著「要選什麼口味呢？」，當時的冰淇淋實在美味極了。

長大以後，你已經可以把所有口味的冰淇淋爽快地全放進購物籃，來場「大人豪氣購物」了，但這時的冰淇淋應該沒那麼好吃了對吧。

這是個什麼東西都能簡單入手，什麼都吃得到，什麼事都能輕易體驗的年代。正因為如此，夢想就讓它保持在夢想的狀態不是很好嗎？還沒行動的夢想，就好好守護吧。

○愈是重要的東西，愈是喜歡的東西，愈不去要求太多。

○懂得節制也就是曉得何謂知足。

麻煩的樂趣

「那樣太麻煩了。」

想當年只要年幼的我這麼抱怨，母親都會大發雷霆。去做功課。把書包收好。襪子脫下來要疊在一起。父母親交代的種種提醒，很多小孩都會噘著嘴抱怨「麻煩」。我也曾為此鬧過好幾次彆扭，但母親也不示弱每回照樣叱責我。

「不管是什麼事，都絕不能說麻煩。不可以當個把『麻煩』兩個字掛在嘴邊的人！」

母親的話一直留在我的心底，現在的我也如此提醒自己。

「不可以當個把『麻煩』兩個字掛在嘴邊的人！」

每天的生活中常會遇到許多令人覺得麻煩的事，這我也無法避免，但我誓言絕不把這個字眼說出口。

「麻煩」這個字眼具有把一切全盤否定的強大「消除能量」。就算你是真心期許自

己努力生活，盡可能每天開開心心地度過，但就在你說出「麻煩」兩個字的瞬間，彷彿所有的魔法都會解除，一切都不可能實現了。

年紀還小的我總算學會不說「麻煩」之後，母親教了我另一件事。

「在麻煩的事情裡頭，有真正的樂事存在。」

我一直要到成人之後，才漸漸體會到這句話的真確。

舉例來說，做菜最有趣的地方就在於那些要花工夫的費事過程。做好的餐點之所以好吃，賣相之所以出色，全是因為過程中你細心地撈掉浮沫或做刀工處理，就算費事也不偷工減料的緣故。

花費時間精力自己栽種的蔬菜。不選套裝行程，而是從零開始自己安排的旅行。不管是工作、生活還是學習，事物所有的好處、滋味、優點和樂趣，全是從麻煩的事情上頭孕育而生的。

○ **把「麻煩」兩個字列為禁句吧。**

○ **真正的樂趣就在麻煩的事情之中。**

與其躺一下，不如去睡覺

放輕鬆並不等於做輕鬆的打扮。

穿著邋遢人也能放鬆，這說法我認為大錯特錯。

我不是要鼓吹「在家或一個人的假日，也應該隨時繫著領帶」。

只不過我覺得「不管處在何時何地、哪種場合，都要保持即使和尊長偶遇也不覺得羞恥的打扮」。

「穿成這樣真不想遇見朋友」，你是不是也有這樣的衣服呢？

就像是假日當你穿著T恤和運動褲去便利商店時，你會不會刻意低著頭走路，以免突然遇上朋友？

我在家時也會穿運動服之類的便服，但就算是不用出門的假日，我也不會一整天都那身打扮。

「放輕鬆」指的應該是心境，我覺得打扮邋遢已是其他層次的問題。

同樣的，我也會留心白天時不要隨便躺下。

小時候只要看到我在家裡躺著，母親總會這麼說：

「如果要睡覺，就把床被鋪起來，要睡就睡床上。如果不是想睡，你又不是病人，大白天的不要躺著。」

躺在榻榻米上休息。在沙發上躺一下。

這些事一不小心就可能犯下。我總覺得像那樣躺著看電視，人也會一點一點地陷入自我墮落的泥沼，再也爬不上來。

在家有這種習慣的人，就算穿戴再時尚，身上也會散發出散漫的氣質。

平日的生活態度即便別人看不見，也無法完美隱藏。電車上常能看到一些「又不是在自己家，卻坐沒坐相」的人，那些人我覺得一點也不美麗。

○放輕鬆並不等於做輕鬆的打扮。

○一個人獨處時的態度會顯示出他的人品。

選擇辛苦的道路

那個女孩背著大大的背包，是個背包客。

我是偶然遇見她的，她一個人在世界各地旅行，年紀大約二十五歲左右。在異鄉遇到日本同胞，分外親切，我們聊了幾句。

一聊之下才知道她看過我的書，也很清楚我年輕時曾去流浪旅行的事情，或許是這使她覺得親近，她問了我一個問題。

「很多事情令我苦惱，有時候我會不知道這條路和那條路到底該選哪一條前進才好。像這種時候，松浦先生會怎麼做選擇呢？」

一個人長時間旅行，是一連串的選擇。

要決定今天是要出發去下個城鎮，還是留在原來的城填好；要決定去下個城鎮是要搭巴士還是搭電車；要決定是否和向自己搭話的人一起用餐，或者堅決說不，不決定就沒辦法繼續旅行。不過我想她要問的應該不是旅行，而是人生的問題，於是我這麼回答她：

「如果是我面對這條路和那條路兩個選項，我會選辛苦的那條路走。」

遲疑的時候，煩惱的時候，原因大都相差無幾。我想不是因為沒有自信，就是一時退怯，或一心想逃走。

這種時候，兩條路比起來，如果選擇輕鬆的那條路走，打一開始自己的「認真程度」就會下降，反而容易招致失敗。

另一方面，如果選擇困難的那條路走，無論結果是成功還是失敗，都是歷練了一個挑戰。「雖然很辛苦，但我會試試看」，倘若一開始就有這個決心，自己行動的動機也會因此不同。

況且，要說有一方比較困難一方比較輕鬆，其實兩者的差距並沒有自己想像的那麼大。

輕鬆的路和困難的路，事實上差距並不大，但選困難的路走就算失敗也是一種挑戰。既然如此，我想不如把這當成自己的人生原則，決定「遲疑的時候就挑困難的路走」。

聽了我的話，她不住微微點頭，回答她自己也是這麼想的，然後一臉若有所思的表情。

後來我們互道一聲「一路順風」，就此分別。

選擇困難的路走，這個原則不僅限於旅行或是面對人生交叉口、重大挑戰的時候，在每天的生活中遇到的每道選擇題，像是「今天要拖地好？還是搭電車去掃墓？」，我都覺得選比較辛苦的那件事做比較好。

因為不管你做的是小小的家事還是瑣碎的工作，在完成一件辛苦事時所獲得的滿足感都是崇高而且巨大的。

○猶豫的時候，就挑比較困難的那件事做吧。

○即使失敗，也是歷練了一個挑戰。

花與雜草

我總是期待能有興奮悸動的感覺。

好玩的事物，美麗的事物，新事物，未知的事物。

遭遇某件事而興奮不已的感覺，是好奇心的表現。我絕不願失去這種感覺，因為了讓自己常保新鮮，這種心情是非常重要的。

每當希望感受興奮心情的時候，我總會去旅行。或者上美術館去，和朋友見面，到大街去。

從前的我總是像這樣出門向「外側」尋求刺激。

不過有一天，我忽然想法一轉。

好玩的事物，美麗的事物，新事物，未知的事物，難道真的只能一味朝外側尋求才能找得到嗎？

我想不只是我，很多人為了接受刺激都想出外看看什麼。所以街角新的店鋪或新的活動展場一家一家登場。

「老是待在同一個地方，被相同的風景包圍，日復一日過著同樣的生活，我才受不了。這樣根本興奮不起來。被封閉在無聊的世界，人感覺都快枯萎了。」

或許有些人是這麼想的吧。在不久之前我也是這麼認為的，但是再進一步思索之後，我又得到了另一個答案。

如果非得要到新的地方才能得到新鮮感，那未免太不自由了。

繁華街道上新開幕的餐廳，想必令人耳目一新吧。但是去過一次以後，第二次造訪很可能就不再有興奮的感覺。這種時候難道要再找一家新餐廳，等那家店也膩了，再去找另一家更豪華的餐廳？我已經厭膩了這樣的生活，也覺得這麼一來興奮悸動的感覺也變質了。

我非常喜歡花，不管是哪種花我都覺得很漂亮，很美麗。於是我試著切換開關，開始轉而關注雜草，結果深深地發現到其實雜草也一樣美麗。不管是花還是雜草，都同樣有魅力。

即便是未曾經人手修剪、沙沙搖曳隨地生長的雜草，仔細一看，會發現葉片的形狀五花八門。

湊近鼻子嗅聞，會令我想起在遙遠的過去聞過的太陽的味道；有時也會意外發現容易漏看的小小花朵。

我現在仍是很喜歡旅行，但即便不出門還是能有期待興奮的感覺——這真是令人欣喜無比的發現。

不特別做什麼，也不用到特殊的場所，毋需一味地向外尋求。

在生活的中心，在離自己最近的地方，去發現令自己興奮的事物，只要你熟習了這個方法，想必無聊兩個字一定會在不知不覺中從你的世界消失吧。

○在生活的中心、在自己的腳邊找尋新鮮事吧。

○不一味地向外尋求，如此一來你便自由了。

時時刻刻暢談夢想

「隨時保持笑容吧，笑容是你最好的護身符。」

我經常在文章中和談話中這麼建議大家，但想要隨時保持笑容，需要充足的養分。自己這棵樹所需要的養分；為了精神奕奕地伸展枝幹，為了綻放笑容這朵美麗的花的養分。而所需的養分，我認為就是夢想。

人可以擁有無數的夢想，不一定只能有一個。不管現在你是年輕，還是年歲已老都沒關係。無論處境如何都無所謂。

因為如果沒有夢想，那該是多麼寂寞的事啊。

「現在還談什麼夢想，那都是小時候的事了。」

會說出這種話的人或許是對夢想有了誤解，以為非得是很偉大的事不可吧。他們或許以為夢想一定得是想當職棒選手、想當明星這類「遙不可及的事情」吧。

成人的夢想，其實就是當自己以那件事為目標時可以愉快前進的事情。

舉個例子，我的夢想是五十歲時要去上大學。

這雖然並不容易，但這和「年過四十立志要成為美國大聯盟的職棒選手」不一樣，並非不可能實現的夢想。我的夢想還有很多，裝滿口袋的幾個小小夢想使我有動力一步一步地朝未來邁進。

夢想不只是要珍藏起來，擁有能夠一同暢談夢想的朋友也很重要。不管是家人、戀人、夥伴，還是志同道合的同志，去找到一個能夠盡情討論彼此夢想的對象吧。

並且，好好珍惜那些相信夢想會實現的同伴。

「我的夢想是〇〇……」暢談夢想的兩人就算自己沒有意識到，臉上一定是掛著笑容的。沒有比因夢想而綻放的笑容更美麗的事物了。

〇寫下你的夢想吧。

〇無論何時，無論年紀長幼，你都可以擁有夢想。

商業眼光這種能力

不管是什麼場合，我都會從「商業眼光」來看事情。我覺得「商業眼光」是工作上不可或缺的能力。

就算是表現自己的工作，商業眼光也是必要的。我甚至覺得，不管是家庭主婦還是上班族，「所有在工作的人都必須要有商業眼光」。

商業眼光並不單純只是為了賺錢。

而是要讓自己擁有的知識、經驗和能力，在這個世界發揮功用。

舉個例子，有個人很喜歡畫畫，他一直覺得「自己的畫棒透了」。然而，如果他光是自己欣賞他就感到滿足，那事情也就到此為止。

可是如果他有商業眼光，他便能和這個世界接軌，並因此催生出一個循環。

覺得自己的畫很棒，因此產生「想讓別人也看看」的念頭，然後實際行動去展示自己的作品，而看畫的人也覺得「這畫真不錯」，並且願意付出相應的代價。與光

是自己欣賞就感到滿足相反，這類與世界接軌的行動我一概稱之為「商業眼光」。

「因為我真的很喜歡，至於能不能賺錢，那倒是其次。」

有時會聽到這種說法，但我總覺得這句話並不正確。

每個人都是活用自己在人生習得的技能，讓勞力在社會循環，並因此得到賴以生存的糧食。「扯到錢的事＝下流」，這句話是誤解。

不管你是在家做菜，還是畫畫做消遣、買賣東西，請試著從「商業眼光」看待自己所做的事如何呢？

這麼一來，不管是你的愛好或專長，我想應該都會變得更加喜愛，更加專精吧。

○有「商業眼光」，也就是使自己的專長在這個社會發揮功用。

○「扯到錢的事＝下流」，這是天大的誤解。

來談談「大義名分」1

「『大義名分』是什麼？」

不管是誰聽到這個問題，反應都是一臉訝異。或許是因為這個字眼已經有些過時、太鄭重其事了吧。

不過「大義名分」其實是非常重要的事，可以用來支持自己和眾人。尤其是在工作上，「大義名分」更是必要。

「我現在拚命工作的理由是什麼？目的是什麼？又是以什麼為目標？」

這就是工作上的「大義名分」。在社會上行動，這個認知一旦動搖就容易碰壁。

只不過，就算清楚自己工作的理由，但忙碌的生活常使我們忘記，或遭遇痛苦的狀況而被迫隨波逐流。所以，我們不能不去反覆思考這件事。

「『大義名分』是什麼？」

對我而言，工作的「大義名分」便是使人幸福。

不管是寫文章、《生活手帖》的編輯工作，還是COW BOOKS的工作，我所有的工作都是為了使人幸福而做的。

在《生活手帖》編輯部，我和同仁也針對這份工作的「大義名分」徹底進行溝通，讓大家去意識這件事。因為工作時必須和很多人配合，如果大家對這份工作的「大義名分」沒有共識，彼此的工作方式可能截然不同。

而我生活上的「大義名分」，同樣也是使人幸福。

當然，我希望自己能過得幸福，可是只有一個人是沒辦法幸福的。所以，我總是在想：「就先讓周圍的人幸福吧。」

不過，每個人的大義名分並不一定相同，所以在家庭中也要比照職場的做法，全家人一起針對大義名分進行討論。

「爸爸努力工作，希望世上的人都能夠幸福。」

「為了讓家人幸福，媽媽努力做菜。」

1 原為儒教思想中的君臣人倫，後引申為「道德正當性」之意。

「那妳是為了什麼才努力念書呢？」在晚餐的餐桌上，我常這麼問女兒。我家並不是像連續劇演出的新派家庭，要談這種事，其實雙方都很害臊。

「妳覺得爸爸為什麼要那麼努力工作呢？」

問女兒這種問題，令我很不好意思。

而女兒只回答了：「爸爸雖然說自己很努力工作，可是為什麼爸爸沒有每天打領帶穿西裝出門呢？」

不過，就算討論沒有結論也沒關係。因此光是能提出彼此的疑問，就已經很值得了。或許女兒真的想知道的不是我的服裝，而是我的工作內容吧。爸爸不像同學的爸爸穿西裝去上班，爸爸到底是做什麼的呀？她的一些小疑問常會直指事情的本質，意義深遠。

能有一起去思考大義名分、一起討論的時間，十分重要，而且別具意義。比起討論「日本政治會如何發展？」，家人之間要先討論的，我想應該是每個人是抱著什麼樣的心思過日子吧。

想得到恰恰好的生活，必須著眼在日常生活中的尋常小事，自己去深思，去理解，去感謝。

為此，我們更不能忘了大義名分。就算很不好意思，就算覺得很糗，和家人一起在晚餐的餐桌上聊聊這件事吧。

此外，可供全家人面對面坐下的大桌子，不只是擺在飯廳，也在你的心裡安置一張吧。

○你為什麼要工作？

○**幸福是要時時分享的。**

CHAPTER TWO

2

快樂過今天

花點小心思，讓每天的生活變好玩

水的顏色和水的味道

今年夏天，我每天每天淨是在喝水。

我喝的不是特別的水，也不是什麼「明星品牌」。不過是一般便利商店販售的日本或外國品牌的寶特瓶瓶水。其實要喝自來水也行，冷開水也可以。

我只是突然心生一念，想透過喝水這個行為，來和無色無味也沒有特徵的事物進行一場溝通。

我完全不喝酒，但我已經習慣咖啡、果汁和茶的舌頭為了想認識更多的美味，不知不覺中開始一直在要求「再多一點、再多一點」。

再濃郁一點的味道，再美味一點的味道，再清爽一點的味道。

追求更複雜一點的味道，或許還算比較普通。

令人頭痛的是，就算認為「比起複雜的口味，單純的味道比較好」，但一旦要去

講究，又開始嚮往起「更單純的口味」，要求「再純一點、再純一點」。舉個例子，就像覺得只加了鹽的小黃瓜味道單純好吃，但過於要求的結果，竟開始找起純度更高的鹽巴。

女性的「裸妝」指的不是化淡妝，而是「看上去像是沒化妝，其實是化了完美的妝」，聽說這件事時，我真是嚇了一跳。

或許，我們的生活就是被那些「多一點、再多一點」的事情給包圍。

我注意到了這種「多一點、再多一點」的狀態會使人無法放鬆，無法安心，便想了一個方法：今年夏天，我要藉由喝下無色無味的清水，試著不要活得太用力。

試著做之後，我有了許多發現。

比如說，或許是因為硬水、軟水的不同使然，本應沒有味道的水，其實也有微妙的味道差異。

要說什麼是水的顏色，我還不是很清楚。但即便如此也沒關係。

因為水的顏色就是「無」，去意識水的「什麼都沒有」，去思考「裡頭到底有什麼？」，這是件很好玩的事。

喝水是必要的，是理所當然，是發生在我們身邊的尋常小事，能透過這件事去思考「水裡有什麼？」，為此興奮悸動，使我很高興。

一面喝著水一面端詳著水看不見的「顏色」，就在不知不覺之中，我對未知事物的不安也逐漸消退。心裡有種感覺，覺得就算不知道水的顏色也沒關係。

水並不是什麼特別的東西，卻能在其中發現滿足。這便是「知足」的幸福。而這也是種咒語，可以提點自己「就算什麼都沒有也沒關係」。

來吧，喝一口，再一口。

暫時放下美味的果汁和咖啡，試著只喝水如何呢？

○請暫時戒掉「要多一點、再多一點」的習慣如何呢？

○去感受在看似什麼都沒有的事物中存在的價值吧。

簡樸的信紙

不是電子郵件，也不是電話，我溝通的基本工具是信件。

我非常喜歡信紙卡片之類的東西，所以每當我踏進文具店，我總是提醒自己：

「要留心喔。」

不要買太漂亮的東西。

不要下手買高級品。

因為我認為使用最平凡的信紙，寫一封簡單大方的信，是重要的禮節。

就算再怎麼高級，文具的價錢也不至於太昂貴。當舶來品、設計可愛的、設計有趣的各種信紙充斥眼前時，一不小心便忍不住什麼都想要。

不過，這只是取悅自己的樂趣，收信的對方會有什麼感覺呢？

如果收到以手抄和紙撰寫的信，雖然我心裡很高興，但另一方面也覺得頭痛，苦惱著：那我究竟該用什麼紙回信好呢？

收到像是英國皇室使用的卡片，信封還以封蠟捺印封起，我也會嚇一跳，不禁納悶著：究竟發生了什麼事？

想寄出氣派的信，這種心情我懂，可是如果在日常生活中這麼做，只是造成對方的負擔。再說，如果每封信都花大錢，我想一天頂多也只能寫兩、三封信。

婚禮的紅包或喪禮的白包，以金額大小來決定要使用的包裝袋已是不成文的規矩。如果包的金額不大，卻使用絢麗豪華或是做工精細的包裝袋，這種做法很不得體。

寫信也是一樣。所以，請考慮自己的身分，並抱著體貼對方的心思來寫信吧。在簡樸的信紙上放進真心書寫，這樣的信我想比什麼都珍貴。

○有自知之明，也是在體貼對方。

○重要的是用心。投入真心才是最要緊的事。

鋼筆推薦

不是高級品也沒關係，請擁用一支鋼筆吧。

不需要執著於「MONT BLANC」或「PELIKAN」之類的大品牌，只要選擇非拋棄式的，可以補充墨水，並且適合自己，可以使用很久的東西就行了。

用鋼筆寫信，即便是使用很普通的信紙，看上去也會變高級。

鋼筆的魅力在於墨水的濃淡。

像毛筆一樣，用鋼筆寫字某些筆畫可以寫得較深，某些筆畫可以寫得較淺。正因為深淺不一，可以讓對方知道你是以什麼樣的心情寫下文字的。

用鋼筆來寫日記也很不錯。墨色的深淺，可以傳達當天的心情讓遙遠未來的自己知道。

而鋼筆聰明的地方則在於墨水不易乾。

如果信才寫完就急忙想寄出去，特地寫下的文字墨水會滲開來，很不方便——不，這才不是不方便。

等待墨水乾透的這段時光，是聰明的鋼筆給急性子的人的特別禮物。

鋼筆的豐盈之處則在於寫字不需要使力。

和使用鉛筆和原子筆時不同，用鋼筆寫字，只需借用鋼筆本身的重量來移動握筆的手，就能自然寫下文字。

日常生活中，我們常在不知不覺中染上用力的毛病；緊緊地關上水龍頭，猛力地關上門，不時咬緊牙關。而鋼筆教會了我，在生活中「不用力」是多麼豐盈的一件事。

○就像在和人說話一般，請放輕力道寫信吧。

○讓鋼筆成為你的同伴吧。

在下雨的日子買花

下雨的日子，我會買花。因為花朵能使房間的氣氛變活潑。

我都是在離家最近的花店買花。如果是能走路過去、走路回家的距離，想買花的時候就能隨時行動。

一般來說，女性對花朵比較熟悉。

但身為男人的我也親身體會到，上花店選購「符合當下心情」的美麗花朵，是在刺激自己的美感意識。

不是為了裝飾派對會場，也不是要送誰的禮物，一週以兩次左右的頻率上花店，這種生活實在非常奢侈。

如果想「改變房間的氣氛，打造一個舒適的房間」，我想與其改變家具或是貼海報、布置小東西，裝飾幾朵花的功效要來得更大。

我雖然很喜歡花，但手上並沒有特別的花瓶。只有大中小各一，頂多三個。就隨手插上一朵可以用五百圓硬幣買到的花。

教我這種日常的買花方法的，是台灣的一個茶道老師。

老師到家附近買一朵百合花，但他也不包裝，就這麼直接拿在手上走回家。

在老師回家的路上，那朵百合想必撫慰了他的心吧。

隨手插下那朵花的瞬間，屋裡一定增色不少吧。

在雨天會變暗的不只是房間，我們的心中也會變得有些陰沉。

這種時候，在點亮房間的燈之前先出門去吧。撐把傘，買花去。這麼一來，不只是房間，我們的心情也會歡欣振奮起來。

花朵即便時間短暫，依然綻放。替花瓶換水，也是在屋裡擺花的樂趣之一。

○養成買花的習慣吧。

○不只是房間，花朵也能使你的心情開朗起來。

未雨綢繆

「過質樸的生活吧。」

「節儉過日子吧。」

和別人聊到「恰恰好的生活」話題時，我經常提到這兩個語彙。試著思考實際上應該要做怎麼做之後，腦中浮現了一個簡單的答案。

「慎重對待金錢。」

這個道理雖然簡單，但我認為這正是恰恰好的生活的根本。

不是「使用」金錢，而是「對待」。

就像是面對朋友一般地珍惜金錢，那麼，或許金錢也會轉而珍惜你也不一定。

質樸節儉，不只是不奢侈。不亂花錢，也可以說是讓金錢喜歡你的一種思考方法。

我的父母一直都很慎重地對待金錢。

父親總是把錢收在上衣的內口袋去上班，他絕不會把錢收在褲子口袋或者放進包包帶著走。

「從人家手上接過的名片和錢，都得收在心臟的上方帶著走。」

聽到父親這麼說，就算我還是小孩子也知道：

「啊啊，爸爸很愛惜錢呢，原來錢是這麼重要的東西啊。」

母親買東西回來後，也絕不會把錢包擱在榻榻米地板上。就算只有一會兒，錢包也會擺在架子上或鞋櫃上等比較高的地方，這是我家的做法。

金錢不過是便利的工具，這句話的確不假。雖說是工具，如果抱著「用就對了」的心態隨便對待，這樣真的沒問題嗎？

錢包裡塞了一堆收據或會員卡，鈔票都皺巴巴的；因為趕時間就把找錢的硬幣粗魯地塞進口袋。

偶爾我也會差點犯下這些舉動，但這種時候我會想起父親，嘴裡念著「不可以、不可以」提醒自己。

皮包也好，鋼筆、相機也好，如果是喜歡的工具，任誰都會珍惜使用。金錢也是一樣，應該要慎重看待才是。

一天之內我會整理錢包好幾次，把趕時間的時候隨手放進的紙鈔，依面額分類，全都轉成同一面，排得整整齊齊。

我還會另外準備零錢包，不讓皮夾撐得太飽。這雖是小事，但總覺得從這種小地方可以顯示出一個人的為人。

此外，我還會在皮夾裡放「護身符」。

說得這麼具體挺不好意思的，其實我會另外準備十張不會動用的萬圓大鈔，對折後收在皮夾深處。這是真的遇到困難時的護身符，平時不會使用，如果錢用光了我就去銀行領，那些對折的十萬圓我已經好幾年沒碰過了。

我已經是年過四十的成人，所以準備了十萬圓。如果是年輕的朋友，也可以準備一萬圓就好，我想金額因人而異。那些不去動用的「護身錢」，我覺得要比神社賣的什麼「祈求金錢運的護身符」要有效多了。

除此之外，我還準備了「以防萬一的錢包」擺在家裡和公司，好用來應付一些喜事、意外等突發事件。雖說現在是無論何時都能到ＡＴＭ提錢的年代，但這是為了遇到真的沒時間的緊急事件的準備。

特別是碰到喜事的情況，準備乾淨的新鈔也是一份心意。

慌慌張張地跑到便利商店，結果領到皺巴巴的鈔票，只能在那裡乾著急；像這種情況，為了讓送禮的對象也能慎重地對待金錢，應該盡量避免不是嗎？

○和金錢當朋友吧。

○這麼一來，你就不會再為錢苦惱。

為肚子留下「空間」

我決定讓自己隨時保持在有點「肚子空空」的狀態。

當然，也不能讓肚子餓過頭。因為我吃東西很快，很容易就吃得太多，「只吃一點」便是我克制自己的祕訣。

就算食物再好吃，是我的最愛，我在「肚子六分飽」的程度就會放下筷子。

不久之前我會吃到八分飽，但考慮到最理想的狀態，現在改成了六分飽。

把食物剩下來很浪費，但只要在一開始就麻煩店家「飯量減半」就能解決了。

我會這麼做不是為了減肥，而是為了管理自己的健康。身體不舒服的時候通常都是因為吃了太多，只要調整一天吃下的食物量，症狀往往就能獲得改善。

我喜歡美食，也喜歡吃，但我不認為這等於要吃得很多。總覺得，如果為肚子留下一些空間，也會多出一些讓美食進入的餘地。

房間也和肚子一樣，空間很重要。

我認為室內設計不是由要放什麼家具決定，而是要由「事先想好要留下多少空間」來決定。

肚子，房間，以及自己的心中。

無論是哪一種，如果一古腦兒地把東西全塞進去，不管是事物的味道、優點，還是精采之處，都會搞不清楚。

在「還想多吃一點」的時候放下筷子。這個方法可以替自己打造出恰恰好的狀態。

○讓自己的肚子隨時都保留一點空間吧。這麼一來，不管是身體還是心靈都會輕盈許多。

○在「還想多吃一點」的時候放下筷子吧。

親身接觸這件事

貓很可愛，光看照片就知道。

只要咔咔點動滑鼠，黑貓、虎斑貓、三色貓、阿比西尼亞貓、俄羅斯藍貓，各種連名字都念不來的珍奇貓種立刻就會出現在畫面上。欣賞牠們可愛的身影，是樂事一件。

不過光透過畫面，你無法知道貓兒的毛有多細柔，觸感有多柔軟，尾巴摸起來是什麼感覺。因呼吸而濕潤的小鼻子，靈敏動作的耳朵在光線下呈現透明的狀態，以及肉球的光滑，也全不會傳送到螢幕外頭。況且，畫面上的貓也不可能纏著你玩。

我們因為貪圖便利而省略各種步驟，總覺得近來我們距離「親身接觸」這個行為愈來愈遙遠了。

於是，我偶爾會和人握手。

因為我絕不想遺忘手的觸感，血液流動的感覺，以自己的肌膚去感受「活著這件事」的行為。

我不想省去觸摸這項對生物而言不可或缺的行為。

雖然還不至於和見面的每個人都握手，但如果是只能久久見一次面的對象，我會和他握手；遇到第一次見面但聊得很投機的人，我也會說一句「今天多謝了」，和他們握手。

開始一個難度很高的專案時，我也會在第一次會議後和全員握手。

「接下來可要辛苦了，我們來握個手吧。」

然後，彼此在各自的任務和崗位上奮鬥，等到工作完成後，大家再次握手。

「終於結束了，我們來握個手吧。」

這麼一來，在自己的心中這件事的開始和結束，以及這項工作的成果會以什麼形式留下來，都會確實改變。

握手之後，那個人肌膚的觸感會留在記憶中。

乾爽的手掌。溼潤的手掌。乾巴巴的手掌。

柔軟的手指。強而有力的手指。富有彈力的手指。

一直以來我遇過很多人，和很多人來往過，但我仍可以一一回想起和每個人握手時的感覺。我深刻地感受到，像這樣一直累積確實的記憶，自己的心中也會有種被填滿的感覺。

質地（texture）這個字，常用來表示事物的質感和觸感。不過在英日字典中，這個字還有「本質」的意思。

握手不就是用來知道對方本質最好的方法嗎？

不只是握手，如果是自己感興趣的事物，就直接去親身接觸吧。

不管是地點，還是動物、作品，儘管出發去碰觸，用自己的眼睛看，用自己的耳朵聽，用自己的肌膚去感受那份質地吧。

○親身去接觸事物的本質吧。

○用自己的眼睛、耳朵、肌膚去感受，是最好的方法。

優美的説話方式

遣詞用字的選擇不是出於禮節，而是心態。

可以表現出那個人「是以什麼樣的心態來面對世界」。

我們會因為對象和場合不同來選擇措詞，不過如果從這個解釋來看或許有些奇怪。

前幾天，我遇到一位遣詞用字十分優美的女性。她是個年輕的攝影師，說話的方式美好得驚人。

她說的是所謂的敬體，但完全沒有「過於慇懃反而失禮」的毛病，說話方式非常聰明。我嚇了一大跳，但同時轉念一想，覺得「那大概是因為我們是初次見面，我比較年長，又是工作上的合作對象吧」。

後來我和她又見了好幾次面，而她說話的方式和第一天完全沒改變。

無論是像我這樣的長輩，還是比她年輕很多的工讀生、經過的拉麵店的店員、小孩子，不管她面對的是誰，她都是以同樣優美的方式說話。

我大受感動，便問她：

「妳說話總是這麼有禮貌，是有刻意留心嗎？」

結果她說，她的師傅教導她不只是遣詞用字，「不管對誰都要保持同樣的態度」。她的師傅是個能拍出了不起的照片的大人物，想必很重視面對對象時的那份「心態」吧。

我們本不想以粗魯的態度說話，卻往往在不知不覺間就疏忽了，措詞變得隨便。不過只要想著用詞的選擇「不是出於禮節，而是心態」，說話方式一定也會有所改變吧。今天，我也從年輕人身上學到了一件好事呢。

○遣詞用字的選擇是那個人抱持什麼樣的心態面對世界的表現。

○不管對方的立場為何，都以同樣的態度對待他們吧。

逗人發笑

天氣晴朗的星期日，早上的教會。

我原以為氣氛一定很嚴肅隆重，結果嚇了一跳。這是我年輕時在美國的故事。

我不是教徒卻去星期日的彌撒聽牧師講道，是因為聽說這對學英文很有用。

在祈禱前會有一段「今日故事」的講道，信徒們聽了直哈哈大笑。在開頭的十分鐘，牧師一連說了好幾個令人忍俊不禁的笑話，等到大家卸下了心防，他才開始談正經的事。星期天教會的歡笑漩渦，讓我體驗了什麼叫打開心胸的感覺。

美國人習慣先逗人笑了以後，再談重要的事。看來在星期天的教會，我學到的事似乎不只是英文呢。

我把學到的事立刻付諸實行，用自己的破英文拚命思考「逗人發笑」這件事。

譬如說，向街角賣熟食的小販問路。譬如說，寄行李的時候向郵局的人請教關稅文件的寫法。大部分的人都很忙，覺得我這個一口破英文的年輕人很麻煩，根本不理會我。

可是只要我先說個小笑話，讓對方笑出來，之後再表明「老實說，我迷路了」，對方的態度也不一樣了。不是一定得讓對方大笑出聲，只要在提到正事之前，先說句幽默的話，讓對方笑一笑，緩和一下心情。

我把這個策略在認識的美國人身上實驗，結果立刻就交到了朋友。

回到日本開始工作之後，這個方法也幫了年輕的我很大的忙。就算笑話不好笑也沒關係，就算是中年人的冷笑話也無所謂。「我想逗你笑，想逗你開心」，我想沒什麼人會討厭別人以這種態度對待自己。

○幽默感是與人親近的通行證。

○別人想逗自己開心，沒有人會覺得討厭。

反向思考

不管是在生活上或工作上，我們總是在做出答案。

「考慮到眼前狀況，這麼做最好。」

「對現在的我來說，這是最正確的答案。」

就像這樣做出決定，繼續前進。

1. 思考

2. 得出答案

3. 實行

換言之，我們一直在這三個動作之間打轉。不過在成年之後，我又多加上一個步驟。

那就是，試著從相反的立場來看。

「這個做法一定很棒」，雖然相信自己得出的答案，但試著從相反的立場來看之後，會這麼想：「但是，這似乎並不是絕對的答案。」

在執行A計畫的同時，從反向思考，事先想出B計畫。這麼一來，自然會想：「原來如此，雖然已經決定走A計畫了，但B計畫應該也行得通呢。」

養成這個習慣之後，我思考事情的角度大大擴張了。同時，安心感也油然而生。

因為即使A計畫進行得不順利，我還有B計畫這個選項。

「答案只有一個」，這句話聽起來是那麼斬釘截鐵，但是當事情不順利時可能造成的傷害則無法估計。

「該怎麼辦才好呢？」到時可能會不知所措，大失所望。

另一方面，如果養成反向思考的習慣，做事會比較從容。此外，如果就連和自己的答案完全相反的竟見都能認可，你自然也能寬厚待人。

○相信自己的答案很重要，但那並不是唯一的答案。

○試著從相反的立場來看，事先想好備案，做事會比較從容。

在平凡日子的禮物

我送禮總是那麼突如其來。

簡單地說，我不會在生日或紀念日送禮，也不會送年末和年中之類的節慶禮品。

我會祝福對方「生日快樂」，但禮物對我而言是更生活化的東西。

在百貨公司地下室的商店街閒逛，發現美味的食物就買來送人。

找到自己中意的精油香氛肥皂，就連朋友的份也一起買下，送給對方。

我很少購物，會買東西往往是受到感動的時候。

「這塊肥皂香味實在太棒了！」

每次感到心動，我就忍不住想和某人分享，心想著「那個人一定喜歡這種清新的草本香味吧」，然後就送給當時浮上腦海的那個人。

相反地，如果我突然收到附上一句訊息的禮物，我也會非常高興。

「你好嗎？這家仙貝非常好吃，送給你嚐嚐。」

意想不到的喜悅降臨，也因為對方送的不是昂貴的禮物，毋需煩惱回禮。只要回送一張道謝的明信片就可以的禮物，對雙方都不會造成負擔。

像這樣在日常生活中輕鬆交換一些小禮物，不是一件很有趣、很開心的事嗎？或許是因為我很少和朋友見面，才會像這樣靠送禮來聯繫溝通吧。

不管是請百貨公司宅配，還是自己包裝郵寄，等待禮物送到對方手上的「時間」也很有趣。

「差不多要送到了吧？對方肯吃嗎？」

自己一面吃著相同的仙貝一面想像對方收到時的情景，那份喜悅更是格外加倍；禮物雖然是送給對方，但總覺得也像是送給自己的禮物。

去旅行的時候，我也會送禮，就算去的不是外國或遙遠的大海彼端也沒關係。

「我去了淺草，找到很美的手布巾，送給你。」

「我去了銀座。〇〇屋的點心很好吃喔。」

如果是住在東京，去銀座和淺草的距離都算近，但這兩個地方就是給人一種「外出的特別地點」的印象。而且如果抱著這種心態過日子，彷彿每天都像去旅行，生活會變得更有趣。

此外，輕鬆送禮的祕訣就是隨身帶著地址簿。

很多人可能都是用手機充當通訊錄，但我總是隨身攜帶手寫的住址簿。只要有了這個，隨時都可以寫信給遠方的朋友，也能隨時送禮給別人了。

○享受輕鬆送禮的習慣吧。

○祕訣就在隨身攜帶地址簿。

擺脫「窮酸性格」

我不是特別崇尚名牌，而且我應該算是「崇尚奢華」的相反類型。

即便如此，我最討厭人在衣著上小氣吝嗇了。

我認為應該珍惜物品，盡可能長期使用，但是破了洞的襪子，領口袖子鬆垮、磨損過度的上衣，我會想都不想地丟棄。

現在生產的衣物都很耐穿，就算是便宜貨也不容易破掉，但是牛仔褲磨破了一個洞、T恤褪色了，就是向它們說「一直以來辛苦了」的訊號。

儘管百般珍惜地穿著自己喜歡的衣服，但萬物皆有使用期限，衣物不行的時候就乾脆放手，這也是愛漂亮的方法之一。

穿著過度磨損的衣物，會讓人感覺不乾淨。

偶爾會聽見有人說：「這衣服我已經穿了十五年，雖然變得破破爛爛的，但我已經對它有了感情，捨不得丟。」留著是無妨，但是直到現在都還在穿，這我就沒辦法接受，只覺得很窮酸。

說法或許有些極端，但我覺得這就像是以為別人看不見就穿著舊內衣。即便別人看不見，如果穿著鬆垮的內衣或襪子，那人的氣質也會變得混濁。

穿著，是一種社會性的展現。穿什麼在身上，會影響到自己的外在。所以，至少內衣和襪子要時常汰換新品，就算是便宜貨也沒關係。

我不喜歡追逐流行買衣服；同樣地，一直穿著同一件舊衣服，滿不在乎地讓自己染上「窮酸味」，這我也覺得有問題。

「冬天的時尚，是抬頭挺胸走路；夏日的時尚，是清爽的肌膚。」

我覺得不把陳舊的衣物、鬆垮磨損的衣物穿在身上，就跟挺直的背脊和洗淨的肌膚是同一個道理。

○把感覺不乾淨、鬆垮磨損的舊衣物處理掉吧。
○只要內衣和襪子經常汰換新品，看上去就會很體面。

讓雙腳發光

脫下鞋子。

把鞋子放在稍遠的地方，以欣賞他人鞋子的眼光試著打量。

這種時候，我希望自己穿的是讓自己覺得「好美麗啊」的鞋子。

鞋子是否美麗，和「新舊」問題無關。

而是要選品質精良的鞋子。

不只是著重設計，重要的是要選可以抬頭挺胸優美行走、適合自己腳形的鞋子。

還有，不能怠忽保養。

髒了就擦拭乾淨，濕了就把鞋曬乾，養成這些好習慣吧。偶爾會看見一些人滿不在乎地穿著鞋底磨損不平的鞋子。這樣不僅不好看，走起來會影響平衡，對身體也不好。

還有一點，那就是要妥善修理。

補鞋跟，換鞋底，針腳綻線了就請人仔細重新縫好。如果是好的鞋子，只要妥善照顧可以穿上好幾年。儘管修理金額搞不好都可以買一雙新鞋了，但我覺得這麼做有種富足的感覺。持續愛顧一雙自己穿慣的舒適好鞋，這是種很棒的時尚不是嗎？

已逝的電影導演伊丹十三曾在《女人們啊！》（新潮社出版）一書中寫道，男人穿搭的重點在褲子。

就算襯衫不是太貴的，只要穿著做工精良的褲子，看上去就有模有樣。換言之，即便上衣穿得再高級，如果褲子穿得很差勁，整體也會被拖累……我記得他是這麼寫的。

下半身是裝搭的重點，我想鞋子也是同樣的道理。更進一步地說，我想這規則並不只適用於男性，對女性而言也是一樣的。

○穿上保養得宜的鞋子吧。

○穿搭的重點在下半身的裝束。

「今天的飯糰」是什麼口味？

守護重要的事物，是人生在世的目的之一。

所以，我希望知道在每天的生活中對自己重要的事物是什麼。知道，然後去守護，我相信這就是「恰恰好的生活方式」。我認為，守護自己重要的東西就是工作的目的，也是生活的目的。

對自己很重要的事，就像在天頂閃耀的星星。

有時星星會大放光明，指引我們的路；但有時也會碰到看不見星星的闇夜。

所以我經常反覆思考，再三思索。

「我想守護的重要事物是什麼？」

我苦惱著得出了答案，我想守護的重要事物是「人的正道」。我工作是為了守護人的正道；我生活中最重要的事，也是人的正道。

於是，一個問題立刻浮現在眼前，「那麼，人的正道究竟是什麼呢？」我拚了命地思考，但這個問題真的好難。

「如果學校有教就好了」，一瞬間這個自私的念頭閃過，但我想這問題大概只能靠自己思索，因為這也是人生的一部分。這麼一想，不禁覺得對自己重要的事果然很像星星。

一旦因忙碌而分心，受工作和「應盡的義務」所支配，人就會看不見星星。失去從容的心，忘了仰望星星，結果將金錢和物質替換成自己的目標。如果日復一日過著這樣的日子，想守護重要的事物是不可能的。

像這種時候，只要一件事就好，去發現一件重要的小事吧。

那便是「這一天的重要收穫」。不管那有多微不足道，只要能找到一件，那一天就能過得幸福，可以成為自己的寶物。

舉例來說，今天花整整一天來整理舊雜誌吧。

在這件事上頭，某人「這一天的重要收穫」或許是他發現了一道二十年前其他地區的古早味燉煮菜食譜也不一定。

而對另一個人而言，「這一天的重要收穫」是整理了舊雜誌之後，變得清爽整齊的櫃子也不一定。

對第三個人而言，「這一天的重要收穫」或許只是認真工作一天之後得到的成就感。

答案因人而異也沒關係，甚至可說不一樣才是理所當然的。

只要一件事就行了，只需要找到一件「這一天的重要收穫」，那天就能帶著「今天真是好棒的一天」的幸福感覺入眠。

要用東西比喻的話，那就像是當你一心在捏揉名叫工作的「飯糰」，結果最後竟忘了裡頭包的是梅乾，是鱈魚子，還是有點鹹的柴魚。停止這樣的生活吧。

因為是飯糰，不需要很多配菜，只要「中間」有一顆梅乾就夠了。

來，鑽進被窩閉上眼睛吧。然後，在入睡之前，花一點時間想想吧。你「今天的飯糰」裡頭包了什麼料呢？

○對你而言什麼才是重要的事？

○睡前請試著想一想，今天一天你確實守護了那件事嗎？

CHAPTER THREE

3

不拘泥於昨天

抛去無謂的「堅持」

找尋不需要的東西

減少東西，也是一種發明。

有些「理所當然」的東西，只要發揮一點創意，就能使它「消去」。這就是替自己找到恰恰好生活的竅門。

美麗的餐具很多，各式小雜貨也很可愛，一不注意就會沒完沒了地收集下去。不過，這種時候我會切換開關，試著讓對準充裕的橫桿扳向「減去」的一方。

面紙盒，便是我「消去的發明」之一。

好不容易打造了自己覺得舒適的空間，如果擺上一個設計花俏的紙盒，總覺得氣氛都沒了。而且特地擺了一盒面紙，究竟能有多少幫助呢？

市面上還販售了「面紙盒專用的面紙盒套」，有籐編的，也有塑膠材質等，這類商品便是家中東西會增加的原因之一。

「如果讓面紙這種東西消失會怎麼樣？」有這個想法後，我決定立刻試試。

水或飲料灑出來了，就用抹布擦乾淨，再清洗髒抹布；要擤鼻涕的時候就到廁所去，擤在手心上，再把手洗乾淨。

如果是在辦公室等地點，可能不方便這麼做，但如果是在自己家，沒有面紙也能過得去。這即是教人欣喜的發明。

我「消去的發明」之二，則是浴巾。

過度使用面紙會對環境造成影響，而浴巾也是同樣的道理。

不管是在日本或在外國，在飯店續住的時候常會看到這樣的卡片：

「為珍惜水資源，如不介意隔天重複使用浴巾，請將浴巾留在架上。」

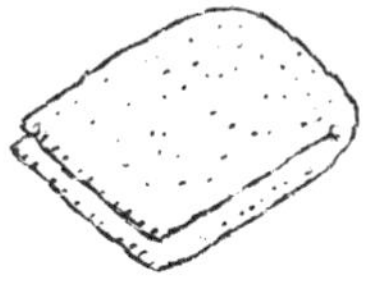

確實，如果飯店或一般家庭浴巾用過一次就要清洗，的確需要用掉很多水。雖說如此，但我實在無法接受「把用過一次的浴巾曬乾再使用」，想了想之後，我決定索性把浴巾這種東西消去。

於是，我直接使用早上洗臉的毛巾，用同一條毛巾來擦拭頭髮和身體。

日本人自古以來都是使用手布巾，相較之下，浴巾之類的大塊毛巾是近代才引進的。實際嘗試之後，我發現普通的毛巾就很夠用了，而且只要每次使用完畢後清洗一下，就能保持清潔。

除此之外，占空間的浴巾消失後，家中也變得清爽許多。

我的發現不過只是一小部分，「消去的發明」我想還有很多很多。

○去找出生活中不必要的東西吧。

○減去「沒有也可以」的東西，家中會更清爽。

物品無法填滿人心

巧克力布朗尼、甜饅頭、仙貝、馬卡龍、起司蛋糕。

美味的點心有很多種，但光吃甜點填飽肚子只會把身體搞壞。看到成長期的孩童只吃甜點，大部分的大人都會擔心，也會這麼叱責：

「老是吃這種東西，小心長不大喔！」

只吃甜點無法滋養身體，這種事情誰都知道。

但同樣的道理，我們卻總在不知不覺間忘卻，那就是：光靠物品，是沒辦法填滿人心的。

年輕的時候，我也像一般人一樣愛買東西。

像是流行服飾、美麗的鞋子、新型相機、嶄新的自行車、魅力十足的小雜貨或小飾品。

購物能令人開心，這我也清楚。

可是，「開心」和「心獲得滿足」真的是同一件事？有一天我忽然對此感到質疑，經過一番深思，我得出「NO」這個答案。

「物品無法填滿人心」，這麼說不是要你停止逛街購物，也不是要你進行「消除物欲」的修行。

重要的是，你應該冷靜地問自己：「那該用什麼填滿我的心呢？」

「如果物品無法填滿人心，那該用什麼填滿呢？」

這問題很單純，但是意義重大。

針對這個問題，我深思許久，總算得出答案。我的心是靠「學習」這件事填滿的。

對我而言，「學習」就是在每天的生活和日常中去發現那些「理所當然」但是「重要」的事。不忘記好奇的心，去了解對自己而言什麼才是「恰恰好的狀態」。只要繼續學習，我想我的心每一天都能獲得滿足。

○「開心」和「心獲得滿足」是不一樣的事。

○請試著想想看，什麼才能真正填滿你的心？

履行每一個小約定

有些小約定，就算不去履行也不會有人受傷，不會導致什麼災難，也不會造成什麼後果。但我認為履行這樣的小約定正是在生活中一點一點築起信賴這座城堡的方法。

我們常會一不小心就忘掉一些輕率定下的約定。

「等最新一期的雜誌出來了，就寄給你。」

話雖這麼說，但雜誌兩個月之後才會出版，到時對方搞不好都忘了這件事。對雙方來說，這是不必放在心上的約定，就算最後沒送雜誌給對方也不會受到責難，但正因為如此，我更覺得應該好好做到。

履行重要的約定是理所當然的道理，但一個一個去實現小小的約定，對我來說或許可說是一種重視人際關係的堅持。

有時候會遇到一些確實去履行小約定的人，這種時候我總會打從心底感到佩服：

「啊啊，真了不起」，覺得這個人值得信任。

「下次一起去吃個飯吧。」

「那本書非常有趣，下次借你。」

就算是以輕率的心情說出口，但約定就是約定。

為了做到每一個小約定，我也會悄悄地用筆記下來。「送書給〇〇」，簡單記下的提醒，可以使你和對方的關係大大改善。

〇馬上可以做到的事，就即刻去做。

〇為了避免忘記約定，做筆記是個好方法。

說人壞話等於吃毒藥

「你是不是在什麼地方吃了毒藥啊？」

每次身體不舒服躺在床上休息，奶奶總會這麼問我。

難道我真的吃下了「毒藥」這種故事中才會出現的東西嗎？

我那時年紀還小，聽了嚇得半死。再加上身體是真的不舒服，立刻感到不安起來。看我嚇成那樣，奶奶微微一笑，拍著棉被安慰我說：

「奶奶說的吃毒藥啊，是問你是不是講了別人壞話啦。聽好啊，說人壞話跟自己吃毒藥是一樣的事。不管對方是朋友還是老師，是爸爸還是媽媽，你講別人壞話就是吃了很多毒藥，會很快就死掉喔。」

我已經不記得當時還是小學生的自己是不是說了別人壞話，不過奶奶口中的「毒藥」兩個字深深地滲進了我的每個細胞角落。

說人壞話會傷身。

雖說是其他人起的頭，但如果自己也跟著傳播不好的謠言，就會發高燒。由於小時候被灌輸的觀念實在難以忘懷，於是我發了誓，絕不說人壞話。不管其他人是聽得見或聽不見，我都絕不道人長短。

會有說人不是的衝動，往往都是對方令你起疑，覺得矛盾，或是無法理解的時候。這種時候照理說應該找對方談談、努力「了解」才是，但你卻轉而將力氣用來道人長短，這種情況確實令人感覺到毒性。

此外，我奶奶還是另一種說法的信徒，「會蛀牙的人，是因為滿腦子都是錢的事」。「錢那麼硬，咬也沒用，硬是要咬的話，牙就會弄出缺口。所以啊，太愛錢的人牙齒都不好。你好好看看，不貪財的人，牙齒都很漂亮呢。」

我不清楚這究竟是我奶奶的獨門見解，還是民間傳說，不過從前的人確實懂得如何用簡單的話來傳授重要的事。

即使到了現在，每當我發燒或是牙痛的時候都會想到奶奶的教誨，檢討自己「是不是在無意中說了別人壞話呢？是不是太貪財了呢？」。或許有些人會覺得這做法太孩子氣了，但意外很有幫助呢。

因為這麼一來，當你心情鬱結沮喪，覺得「自己真是不幸」的時候，便不會再把原因推卸到忙碌或周圍的人身上。

大部分的身體不適都是自己造成的，這或許才是奶奶想告訴我的吧。

◯儘管當事人絕不會聽見，也不該道人長短。

◯前人的教訓中蘊含著真實。

打破防護膠囊

如果把街頭和公園想成是「自家的院子」，我想任誰都不會亂丟垃圾吧，也不會盜採花圃裡的花。

如果把公司想成是自己的房間，東西亂了就會立刻整理，窗子髒了也會擦乾淨。說起來理所當然，家中上下的事都和自己有關係。可是千萬不要忘了，到外面的世界去也是一樣的道理，因為「自己也和世上的萬物有所關聯」。

有些人會擺出一副「一切與我無關」的態度出現在公共場所或職場，但這是愚蠢的錯誤。無論是誰，從踏到外界的那一步起，他就和外界的某些東西產生關係，同時也生出責任。因為人不可能躲在透明的防護膠囊裡移動，不可能出現在公共場所卻不與人產生關係。

儘管如此，這世上卻到處可見得了「與我無關的病」的患者，小孩子也都有樣學樣。

「反正和我沒關係，管它怎樣都無所謂，只要和我不相干，我就是安全的。」

或許你也是這麼想的，但要是「發生了什麼事」，你就無法置身事外了。只有自己安全的世界，在這世上哪裡都找不到。

這種誤會就早早改正，打破包覆住自己的那層透明膠囊吧。

畢竟錯過這個社會的種種活動太可惜了，也很寂寞。

不要忘了，所謂的社會，也就是與更寬廣的環境接軌。

○打破「與自己無關」這種意識障壁吧。

○你與這個社會的所有事物都是息息相關的。

旅行的行李

美好的東西，便利的東西，有趣的東西，漂亮的東西。

所有的行李全堆在一起，總教我不知如何是好，會產生一種渴望輕鬆、想把一切都丟下的衝動，但仍有很多東西是必要的。

如果你覺得自己彷彿被困住了，不管你有沒有旅行的計畫，試著打包行李吧。設定是一個人一星期以上的旅行。

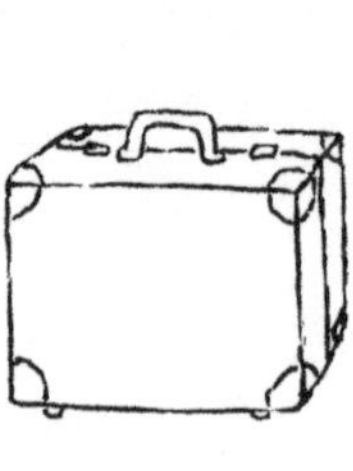

如果是和家人或朋友出遊，還要幫孩子準備換洗衣物；如果是出差，也要帶電腦之類的工作用具，也會受到與對方的關係以及工作大小事務影響，沒辦法單純準備「自己的行李」。

又，如果是三天左右的旅行，因為行程太短，可以接受「多少有點不便也沒關係」。像我的例子，如果只是三天的旅行，我就不會帶娛樂用的樂器。

在這一點上，如果是一星期，便可以看作是生活的最小單位；去旅行十天行李也是這麼多，就算是出遊一個月，因為衣服會洗和重複穿搭，結果所需的行李也和一星期旅行不會差太多。

如果只去三天，每天穿同一雙鞋也沒關係；但如果是一星期，或許就需要兩雙鞋。因為會吃到好幾頓晚餐，至少有一天可能會去需要像樣上衣的正式餐廳吃飯也不一定。

我喜歡寫信，所以會帶喜歡的筆、信紙套和地址簿；為了在旅館放鬆心情，還會準備芳香精油；如果可能，我也想用中意的杯子來喝喜歡的中國茶；覺得有點寂寞的夜晚，想彈彈吉他或夏威夷四弦琴。

像這樣去思考你想如何度過一個人的時間，漸漸就會開始明瞭自己需要的東西。在這個星期想讀什麼樣的書？要穿什麼才像自己？在這段突然多出來的時間裡又想做什麼消遣？

我每年會出門兩、三趟，進行一星期左右的一個人的旅行。旅行本身對我而言是無可或缺的重要行事，而整理行李的過程，也是可以用來了解自己的有效訓練。

◯如果要一個人旅行一星期，你會帶什麼東西去呢？

◯最理想的狀況是可以靠那些行李生活一個月。

先自己想一想

「不知道。」這念頭出現的瞬間，你的眼睛是看向何方？

「這是什麼啊？」出現疑問的瞬間，你的手又是伸向何方？

你該不會是把頭轉向一旁詢問旁邊的人吧？

還是你選擇把手伸向電腦滑鼠，打開網路的檢索頁面呢？

如果你真的這麼做，那可就危險了。

工作上和生活中經常會遇到自己不知道的事，如果每當這種時候就馬上請教別人，我們的腦袋就會退化。

使用網路也是一樣。省略「思考」這個行為，立刻朝外尋求答案，一旦養成這個習慣，心會變得慌亂。

跳過緩慢的過程，盡可能迅速，走捷徑追尋答案。如果以這種步調過生活，只要一連遇上幾個「不知道的狀況」，整個人一定會很焦躁吧。

而且，假使那個答案是錯的，你很可能會把自己判斷錯誤的責任轉嫁到別人身上，心想「我明明是照〇〇說的方法做」、「這是我在網路上查到的」。

不自己思考，不求甚解地接收別人的答案，然後焦躁不安，推卸責任——

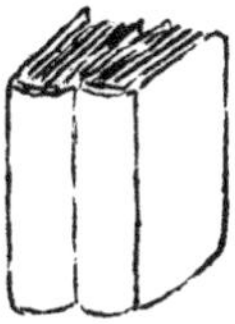

你可能會變成如此差勁的人，這種壞習慣還是盡快戒掉比較好。

「先自己想一想吧。」

把這當成精神口號，每天對自己這麼說吧。如果遇到不懂的事，先自己一個人靜下來想一想，去想個徹底。

儘管會花上一段時間，但應該會確實加深你的理解。

〇請試著停下伸向電腦滑鼠的手，閉上眼睛吧。

〇自己辛苦找到答案，才算是真的學會。

你不是一個人

戀人、工作，有時候就連家人，都會讓人產生「想從這段關係逃離」的心情，這我並非無法理解。

因為一些糾紛變得難以再待下去的職場。

為了一點小事而平生波瀾的友誼關係。

如果可以一句「我要辭職」，一切就能像紙牌遊戲般卡片打散，全部替換，開始一場新的牌戲就好了。

希望就連一通「再見」的電話都不用打，就可以切斷一切緣分，打造新的人際關係。

或許有人是如此期望的。

可是，如果我周遭的人是以這樣的態度來處理事情，我一定會堅決拒絕。

有一次，一個年輕員工表情苦悶地來找我。

「我想了三天三夜，決定辭掉這份工作。」

看他的表情就知道他是認真的，但我二話不說這麼回答：

「不行，請死心吧。」

儘管這是他三天三夜不眠不休考慮後的結論，但這只是他一個人的決定。雖然這是公事，但也涉及到了我們兩個人的關係，如果只是由某一方單方面決定，這未免太奇怪了。

人與人的關係，不是自己一個人可以決定的。

「我想辭職。」

「好，我知道了。」

如果事情就這麼結束了，那一直以來兩人共度的時間究竟算什麼呢？一點一點地去修正那些緊張扭歪的地方，我覺得這才是與人交往的基本。

○如果是與其他人有關的問題，不能由一個人做決定。

○麻煩的人際關係之中潛藏著閃閃發亮的寶石。

別太多嘴

我也不知道為什麼那時候會去探病好幾回，住院的是我一位朋友的父親。

我和那位朋友感情很好，但是和伯父倒不是特別熟識。我現在還記得清楚那醫院的味道和淺綠色的窗簾，以及細長的點滴管。伯父當時是癌症末期。

儘管去探病了好幾回，但我和伯父並不是特別有話聊，頂多就是聊一些家常事，然後我就回去了。

可是有一天，躺在病床上的伯父突然這麼對我說：

「你心裡有十個想法，就會把十個想法都講出來對吧。這樣說太多了，不好喔。」

我聽了十分震驚。

說起來我的確很喜歡和人說話，是忍不住把自己心裡所想的事全說出來的類型。

因為希望能讓對方了解，在對方理解之前我會不惜言詞，用許多方法來說明。

不過我不認為我在朋友的爸爸面前有這麼多嘴，畢竟對方比我年長許多，我和伯父也不親。再加上面對死期將至的病人，不可能說太多。

我也不認為朋友會特地對父親說明平常的我是什麼樣的人。結果，我還沒搞懂這句話的意思伯父就過世了，然後，十年過去。

在我心中這句話始終是個謎，我也在不知不覺間淡忘此事，直到最近，我突然領會了朋友父親那句話的意思。

「就算你百分之百全說出來，但未必能傳達百分之百的意念。」

或許伯父想說的是這個意思吧。

數年前我成為雜誌的總編輯，立場轉變，工作方式也有了改變，和從前相較，說明事情，陳述意見的機會變得更頻繁了。

而且說話對象也不再只是一對一，於是，我比從前更努力地去傳達自己的想法。

可是，我發現如果對象有十人，接收到的內容也會有十種，細微的語感和文字的詮釋、理解的方法，因人而各有差異。

如果我想傳達一個訊息，卻用了三種不一樣的方式說話，也可能相應地產生更多誤解。

其次，每個人能接收的資訊「負荷量」有限，如果我把自己心中的所有點子一口氣全說出來，無法全接收的人只會不堪承受，覺得疲累吧。

不管是對自己，還是為了對方，話說得愈多，風險也愈大——意會這個道理時，我才體悟到朋友父親對我說的那句話的重要性。

除此之外，我還發現自己的另一個毛病。

為了讓對方能夠理解，我不只把想法全說出來，甚至就連對方沒問的事都會一頭熱地說個沒完。

或許我是為了抹去自身的不安，才急著希望對方理解也不一定。這終究只能算是我的一廂情願罷了。

有些時候，在對方問起之前最好保持沉默。

只須明確回答對方的提問就夠了。

這是我謹慎言詞，自我管理的練習。

朋友父親的教誨——說與不說的均衡，我花了好幾年總算懂了。

○以為自己說了十分對方就能理解十分，這只是誤解。

○有些時候，保持沉默才是上策。

不要背對對岸的人

人總在不知不覺間任意替人分類。

「做保守派打扮的類型。」

「做自然派打扮的類型。」

除此之外還有很多分類，各自的社群價值觀不同，彼此之間也不會交流。

人還會在無意識之間以年紀來替人分類。

在澀谷閒晃的年輕男孩想必把新橋的上班族看成另一個人種吧；而新橋的上班族看到澀谷的男孩子搞不好也會罵道：「和那種人，說也說不通！」

年齡、居住地、職業、休假時出沒的地點、價值觀、收入、來往的朋友、興趣、有沒有小孩、有沒有結婚——我們會像這樣設定了各種條件來替自己和他人分類。

我並不認為這是壞事，畢竟這是很自然的事。舉例來說，有人喜歡在指甲上貼許多閃閃發亮的寶石，但也有人喜歡把指甲剪短以方便洗米，要他們「好好理解彼此」

或許是件勉強的事。在河川的這一端和另一端，似乎並沒有橋存在。

只不過，千萬不能忘記那條河並不大。那只是條小河，雖然無法去到對岸，但只要音量大一點對岸就聽得見。

換言之，就是不要把品味和自己不同的人當笨蛋。

「那打扮算什麼啊，真難看」，在自己的同伴面前嘲笑其他的團體，這種行為很醜陋。「怪人一個」，結黨批評那些和自己價值觀不同的人，是很卑鄙的做法。

如果對岸的人「喂——」地向你打招呼，就「喂——」地揮手回禮，至少保持這樣輕鬆的心態吧。不要背對那些和自己不同的人，他們是否值得你尊敬，才是決定那人魅力的關鍵。

◯不要否定那些和自己生活價值觀不同的人。

◯正因為有差異，這世界才美好。

試著捨棄

前幾天我遇到的那個男生，看似擁有了所有的東西。

他出身自好高中、好大學，還到倫敦留學。他在那邊的研究所畢業，英語想必也不錯。

對成績優秀的他而言，未來的選項可說有很多，而且他的家境很不錯，如果找不到喜歡的工作想自己開業，家裡也能夠提供資金給他。

儘管如此，他卻說：

「我不知道自己想做什麼，也不知道自己有本事做什麼。」

他願意向還不熟識的我說出心裡話，看來是真的很煩惱。後來他又問了我：

「松浦先生既寫文章又編雜誌，還經營了二手書店，為什麼你能完成這麼多事呢？」

他口中的那位「松浦先生」彷彿不是我而是別人似的，令我有些慌張，但我老實地回答他。

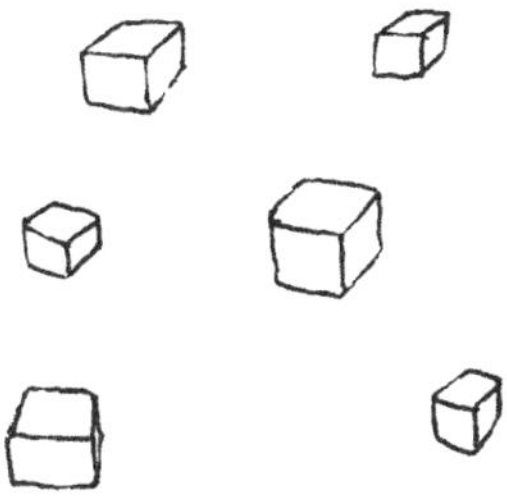

「我不是先決定要做什麼才去完成。我和你正好相反，當時我沒什麼選擇。為了要活下去，在僅有的選項中，我只能不顧一切地去做那些自己能做的事。」

我只是高中中輟生，腦袋也不是特別好，雖然曾待過美國，但語言並不算十分精通。只有這種經歷的二十歲上下的年輕人，能做的事很有限。

儘管如此，肚子會餓，也想和朋友去玩，想去旅行。

於是，我只好死命去找自己能做的事，為了活下去拚命去做所有必要的事。然後那些事一件一件互相關聯，接續到了現在。

一直靜靜聽我說的他不愧是個聰明人，只聽他喃喃地說：

「我感到自卑的，不是我沒有什麼，而是我全都有了。我的自卑感來自於什麼都不缺，這反倒使我什麼都沒辦法做。」

會找人商量的時候，經常自己心中已經有了答案。他應該也是如此。

於是我給了他一個建議。

「如果你不知道自己想做什麼，何不全部捨棄如何呢？捨棄自己擁有的所有事物，解除身上的壓力，這麼一來，或許你就看得見自己想做的事了。」

要擁有一切的人放棄所有，可說是一種冒險。

但正因為是不切實際的冒險，我相信他一定可以看見一直以來看不見的風景。

○擁有很多並不代表幸福。

○就算什麼都沒有，也用不著失望。

不否定奇妙的事

那間圖書館裡網羅了來自世界各地超過七十萬冊的書。書籍語言形形色色，沒有字典，也沒有電腦，不過館內有套收錄了所有藏書的圖書目錄。

多達一百二十冊的目錄，檢索方式十分優良，堪稱是現在的「Google」或「Yahoo!」網站的手動版。

不，說不定那套系統的機能之強大足以顛覆現今的網路常識呢。

亞歷山大圖書館，存在於古埃及時代的夢幻圖書館，建築物和館藏現今已經完全消失，只存在於少數文獻的零星記載。我正在撰寫以那座圖書館為主題的小說，隨著調查愈來愈深入，也發現愈來愈多離奇的事。儘管讀遍相關書籍，查遍資料，難解之謎仍是層出不窮。

圖書館存在的時代要比人面獅身像和金字塔晚上很多，但他們擁有的技術仍是無法以科學方法來解釋。就在任思緒馳騁在遙遠的異國，沐浴在不可思議的氛圍之間，我忽然意會到一件事。

「人可分成兩種——完全否定奇妙事件的人，以及相信的人。」

自從踏入只存在於想像之中的亞歷山大圖書館迷宮的那一刻起，我便強烈希望自己是個「相信世上有不可思議之事的人」。

「無法理解，怎麼可能嘛。」

就在你這麼否定的那一秒起，所有的想像都會枯萎。故事就在這一刻結束，思緒中斷，未知的世界被當作「不存在的世界」給丟在一旁。這樣的思考模式實在太狹隘了。

這種時候，不妨以相反的角度來看待如何？

「儘管很不可思議，但從前發生過這種事呢。」

只要相信，各種想像便會在腦中擴展。原本黑白的畫面彷彿一點一點有了顏色，世界隨著自己的想法、思考和夢想逐漸地擴大。

除了對寫作有幫助，只要你不去否定那些奇妙的現象，在日常生活中也會得到同樣的效果。去試著接受「真有可能也不一定」，如此一來，那些在說出「那是造假」的同時就中斷的感官刺激也會隨即擴大。

自由擴展自己的感官感覺，世界的可能性也會隨之擴充——這不是一件令人興奮的美事嗎？

儘管我們身處在徹底合理化的世界，以科學去解釋所有現象，但要是以為「自己知道所有的事」那就太傲慢了。

承認有未知的不可思議之事——如果能以這種坦率的態度面對，可能性便會隨之擴大。所以，下次當你遇上奇妙的事情，就不要再抱持否定的態度了。

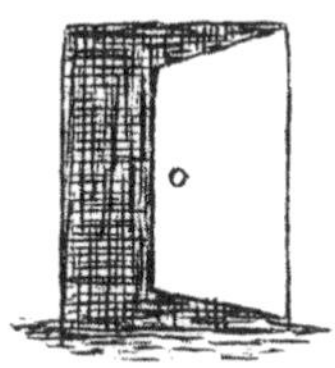

深受亞歷山大圖書館之謎吸引的不只有我，聽說有許多企業和公家機關都投入了大量金錢，試圖探索他們知識的運作機制。

而且更耐人尋味的是，據說各方人士在「怎麼查都查不出所以然」的現在，竟開始轉向超能力者尋求協助。沒想到走現實路線的官方團體竟仰賴起神祕力量，這發展真是太妙了，實在新鮮有趣極了。

○將「不可能之事」想成「有可能發生」，你的世界也會更加寬廣。

○請改掉遇見無法理解的事物就予以否定的做法吧。

遺忘的恩惠

有個機會，讓我能和一些曾遭遇慘痛經驗的受害人談話。

我的談話對象都經歷過一段無法言喻的痛苦遭遇。

其中有個人說「我絕不會原諒讓我受到這種對待的人，我絕不會忘了這件事」，在場有許多人也抱持同樣心態，紛紛對他的說法表示贊同。

我身為旁觀者，始終靜靜地在一旁聽著，直到有人詢問我的感想：「請問松浦先生是怎麼想的？」我才老實地說：

「我覺得忘了比較好。」

話才說出口，我就擔心受人責難。畢竟我的過去不像他們發生過如此深刻的問題，可能有人會認為我要他們忘記過去，發言有欠思慮，太不謹慎。

但意外的是，其中幾位擁有痛苦回憶的朋友對我的發言點頭贊同。

「我一直忘不掉，也覺得不能忘掉，可是同時我也常會想：都已經是過去的事了，我不想一直受悲傷束縛活下去。如果能忘掉就好了。」

關於他們的慘痛遭遇，我沒有立場能說什麼。

不過就算是日子過得再平順的人，心中也會有悲傷、憎惡、仇恨等情感，在平凡的生活中傷心的機會也不少。

儘管如此，一直注意著那些傷口又能怎麼樣呢？

「那個人對我做了很過分的事。」

「我並沒有錯。」

「那時好痛苦，我遇到好討厭的事。」

就算一再反覆回想當時的心情，深刻地銘記在心，我認為也不會有什麼好事。

執著和執念，「忘不掉的事」，往往都是出自憤怒或仇恨，與根深柢固的負面情感有牽扯。

在決定「絕不原諒」的瞬間，失去自由的不只是犯罪的對方，還有你自己。恨意在變成綁縛對方的鎖鍊的同時，也會束縛住自己。

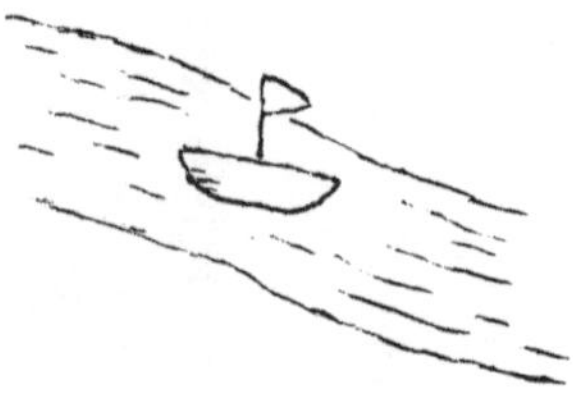

愈是耿耿於懷、難以忘懷的事，更需要努力去遺忘。

決心「再也不被過去拖累」，做好一刀兩斷的覺悟。

雖然做起來很難，但我認為不要固執地「什麼都記得清清楚楚」，試著逐漸淡忘過去，也是一種智慧。

有句諺語，「讓一切付諸流水」。或許有人會認為現在還提這種老調牙的教訓幹什麼，但我想這句話之所以能長遠流傳，正是因為儘管做起來困難卻助益良多吧。

有時我甚至會想，遺忘或許是上天賜給人的一種恩典呢。

○遺忘，也就是讓自己從憤怒和仇恨中解放。

○遺忘，是上天賜給人類的一種恩典。

沮喪的時候就……

「怎麼無精打采的啊。」

有時候，會忍不住這麼對自己說。

口角。

工作上的失敗。

不順利的這件事和那件事。

某人的一句話一直掛記在心上，宛如一根細小但拔不去的刺。

令人沮喪的事出乎意料的多。

這種時候我會到廚房去，然後從冰箱裡拿出……雞蛋。

打破光澤十足的白色圓滾滾雞蛋，橙色的蛋黃被滑溜溜的透明蛋白包裹著，滑落而出。

憑感覺隨意加進鹽和砂糖，攪拌均勻。

在平底鍋加點油，輕輕倒進蛋液。
沮喪的時候，我常會默默埋頭做煎蛋卷。
用筷子捲起蛋皮，調整形狀，小心不燒焦，做好了就移到盤子裡。我的父母平日都有工作，所以小時候我常自己做煎蛋卷來代替點心。
長大之後每當感到沮喪我就會做煎蛋卷，然後大口大口吃下去，好吃的話，就會恢復一點自信。
「啊啊，沒問題的，這不是做得很好嗎？」
心裡覺得洩氣的時候，就算是小事也沒關係，試著做些自己喜歡又拿手的事情吧。不是煎蛋卷也無所謂。每個人都有自己拿手的事情。

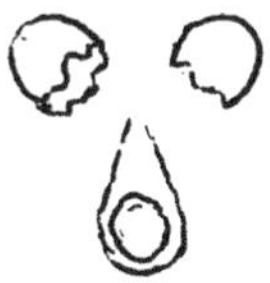

除了做菜，我還有一項專長。就像在垃圾堆挖出寶石，我能在舊書鋪子找到珍貴的書籍。所以，除了為我經營的二手書店進貨，偶爾我也會私下去舊書鋪子挖寶，因為就和煎蛋卷一樣，這也是我「走出低潮的戰術」之一。

喂，那邊那位垂頭喪氣的朋友，你也來做點什麼吧？

○沮喪的時候，就做些自己拿手的事情吧。

○你的拿手事是什麼？

CHAPTER FOUR

4

恰恰好的每一天

找出自己的步調、原則與平衡點

煞車的使用方法

如果在從前，這一定會被當成魔法吧。

今天寄出的宅急便，在明天中午以前就會送到遠方的朋友手上；搭上新幹線，只要兩個半小時就能從東京到大阪。

在一百年前的人看來，這簡直是奇蹟了。即便是在三十年前，這種事也很教人吃驚。

然而，我們已經把追求速度視作再理所當然不過的事，在不知不覺間，竟忘了這是魔法。

「快一點，快一點」，我們已經太習慣加速，開始害怕停下來。

速度是種快樂，我們可能中毒了也不一定。

便利也是種快樂，我們沉溺其中了也不一定。

畢竟從幼年開始，我們就一直在學習以「前進」為原則的「人生駕駛」。

踩油門，會怎麼發動；打方向盤，會如何轉向。

總覺得，我們從很小就在學習這兩件事。隨時保持全速前進，無論何時都搶在別人前面。有很多人一直在磨練這些技術。

可是開車需要的技術不只有兩項。

最重要的是第三個技術——踩煞車。

有人可能會嘲笑說「那可簡單了，有什麼好學的」，但事實上，踩煞車是件很困難的事。

為什麼？因為停下來需要勇氣。

不管是與人交往還是工作，一直以來我們都是一股腦地加速，勇往直前，一下子要你停下來，當然會猶豫。

停下來的那瞬間，自己頓時不知所措，一方面也擔心周圍的人會責難自己，「為什麼不照一直以來的步調前進」。

但是即便如此，我仍是隨時都做好踩煞車的準備。

因為我想保持在最剛好的步調。

速度太快的時候，我想給自己暫停的權利。我這麼做了決定。理由很簡單——因為如果不這麼做，我這部車很可能會發生車禍或毀損。

一個人要活下去，就像在山路兜風，得在複雜的彎道上不停地操作方向盤。複雜的不只是路線，可能會有野鹿親子突然從樹叢後跳出來，也可能突然起霧讓你看不見前方。

這種時候如果不踩煞車，很可能會發生車禍。不僅是自己這部車會撞得支離破碎，還可能會連累路上的行人或生物。

生活中和工作上遇到的麻煩狀況，大部分都是因為衝得太快的結果。儘管如此，卻仍是堅持認定「速度第一」，這是很可怕的事。

最理想的感情步調。最剛好的程序節奏。

並非快就是好。如果無視理想的速度，一個人衝得太快，你原本或許是想幫忙，但最後很可能只是一個人衝錯了路。

因此，我希望隨時能夠踩煞車，停下來，以維持「自己的步調」。

踩下煞車後，便看得見原本只是飛馳而過的窗外景色；暫時停下車，你也能看清這條路是該直直往前開好，還是該轉彎。

特別是當你要開始一件新的事情，更是要以隨時能夠踩煞車的緩慢速度起動；要轉彎的時候，就算看似安全，也先停下確認吧。踩煞車，也就是謹慎思考。

我曾聽別人說，頂尖的Ｆ１賽車手厲害之處不在踩油門的方式，而是踩煞車的方式。所以，應該要停下，還是放慢速度，或是採用宅急便或新幹線的快速，每一回都視情況決定選用吧。這才算是恰恰好的生活不是嗎？

○你是否把速度當成第一要件呢？

○有時「停下腳步」和「放慢速度」也是很重要的事。

慢慢走路

真的有那麼多「非搭上不可的電車」嗎？如果不趕在交通號誌閃爍的時間穿越斑馬線，會被捲進什麼不得了的大事嗎？

不知道為什麼，每當我們回過神來總是用很快的速度在走路，趕路似乎已經成了我們的習慣。

但事實上，即便我們動作再急也不能賺取太多時間。既然如此，何不慢慢走路呢？

有人在等紅燈時會焦躁不安。雖然不能一概而論，不過等待時間不過是一分鐘，長一點也頂多三分鐘吧。早三分鐘過馬路能賺到的東西，根本算不了什麼。

當然，走路方式是個人自由，或許有些人會想「要怎麼走路是我的事」。不過如果他們知道了慢慢走路的妙用，態度一定會改變的。

性急的我常一不小心就會走得飛快。如果只是走路速度的問題還好，但如果放任下去，就連我的心也會開始跟著高速運轉。

一面走路一面沉浸在思緒之中，但想到的每件事都宛如形狀不定的雲，片段零碎。快步走到公司後，自然而然也會以性急浮躁的方式工作。

這樣的日子大抵不管精神還是身體都是騷動不已，等到晚上就寢時往往已是筋疲力盡。

「如果光是走路的速度，就能改變時間的流速，那麼就有意識地慢慢走路吧。」有一天我如此下定決心，在那以後，我總是對自己的心和自己的腿說「用心走，慢慢來」，開始一步一步穩穩地走。

做起來只是小事，但這與愛惜自己的時間密切相關。

○你是否總是性急浮躁呢？

○慢慢走路，心態也會改變。

美妙的平衡

把和自己身分懸殊的衣飾穿戴在身上，我覺得很不體面。

有些人因為擁有一個高級品而得意洋洋，看在我眼裡只覺得奇妙。

有魅力的人，均衡調和。

有魅力的人，全身沒有勉強的地方。

有魅力的人，不會去突顯特別的裝飾。

如果是有魅力的成人，不會單單只配戴一個高價品。

年輕的時候還無所謂，可以自由地去挑戰各種風格的打扮。去追求流行，試穿不適合自己的款式，勇敢挑戰高級一點的衣服，這些事在年輕的時期做很有趣。

不過到了一定年齡之後，不管是衣服還是身上的配件，就選擇適合自己身分的東西吧。

所謂「符合自己的身分」，也就是要反映自己的生活方式，和自己的生活相稱。

一個例子常被提起，有些人明明是住在２ＤＫ格局的小公寓卻開著高級車，這就是和生活方式不相稱。失去平衡的結果，落得出醜人前的下場。

衣服和飾品也是一樣的道理，辦分期付款買下自己的收入無法輕鬆負擔的東西，結果落得整體風格失去平衡，一點也稱不上時尚。

「想要的心情，對精緻物品的憧憬，全都放下吧。」

我想說的，並非是這種事。

我只是覺得應該是先以自己的生活為基本，再來分生出裝點生活周邊的用品，這種做法「比較合理」。

憧憬，就讓它一直是憧憬，等到自己的生活方式改變，經濟變得寬裕之後，再去入手。如果是真心想要的東西，至少要有這樣的覺悟不是嗎？

「好棒啊，真想要啊」，這麼想著但不急著入手，只是一生抱持憧憬；我覺得這也是一種很酷的人生態度。

長大了，就選擇適合自己身分的東西吧。不要再拖著年輕時的習慣，被憧憬和物欲給沖昏頭，不要再當個「孩子氣的大人」了。

想靠物品讓自己看起來更體面，這種欲望是永無止境的。不過是把一生花在沒有回報的努力上。

我相信只要自己的內在有價值，外表也會連帶變得協調，顯得魅力十足。

○選擇符合自己身分，最適合自己的東西吧。

○靠物品來修飾自己，一點也沒必要。

自己心中的翹翹板

我不大喜歡順從衝動，猛跑急衝。

如果所有的事都是以自己的「感覺」為原動力，我覺得這是極為自我中心的做法。

可是儘管腦袋清楚，有時我還是會跟隨感情猛衝。

像是，無法平撫心中滿溢的情緒脫口而出的話語。

像是，因為自己性子很急，想做的事只要拖上一、兩分鐘不能做，心裡就不痛快。

這些都是我的缺點，都令我覺得可恥，如果可以的話，真想別過眼去不去理會。

但是，只要拿出勇氣去正視它們，這些缺點就能克服。

比如說，「改掉說太多的毛病」，「改掉性急的毛病」，這些都是與缺點共處的一種方法。

不過，缺點同時也是「那個人的特色」，可能是對方的魅力之所在。

「我一廂情願說個沒完，真是惹人厭。」

當我這樣評斷自己，逕自失望沮喪的時候，卻有人對我說：

「為了讓我聽懂，松浦先生好心地給了我很多提點呢。」

或者認為自己是「愛著急，性子太急」，但看在別人眼裡卻是「精明能幹，機動力很強，能把握時機」。

在我的心裡，大概有一座小時候常玩的翹翹板吧。一頭坐著自己的缺點，另一頭坐著自己的優點，上上下下，每天都在取得平衡。

有時候克制太愛說話的自己，保持沉默；但有時候就讓自己暢所欲言，助人一臂之力吧。

有時候應該勸阻太性急的自己，學習等待和忍耐；不過有時候則必須保持自己的本色，自由積極地去行動。

去重新審視缺點，讓心中的翹翹板上下擺動，這麼一來，你就可以改變自己。

○找出自己的優點和缺點，並取得平衡吧。

○為此你必須客觀地審視自己。

打掃心中的房間

當生活變得忙碌時心神也會騷動不已，我來介紹一個這種時候我會進行的想像訓練吧。

首先，請試著想像自己的心是個房間。

那可能是個大房間，也可能是小房間，因人而異。就算是同一個人，在不同的時刻房間的大小也可能改變。

你的房間，是面對庭院的一樓呢？還是接近天空的大廈一室？

不管是哪種房間都沒關係，想好了，就進去看看吧。

接下來，請確認房間整體的顏色，然後，請試著想像裡頭擺了什麼樣的家具。

我的房間是正方形的，天花板和牆壁都是純白色。就像第一章內容提到的，室內擺了一張可供眾人集合的大桌，和一張自己專用的小桌。

你的房間，又是什麼樣的房間呢？搞不好，房間裡有張大床也不一定；有人的房間，還可能附有使用方便的溫馨小廚房呢。

窗子和家具的配置大致想定以後，接著請將焦點轉移到家具上頭的小東西吧。

舉例來說，在我心中的房間裡有些植物。屋子裡如果有些活生生的、自己照顧得了的東西，你可以疼愛它，照料它，從而學習如何去珍惜。我想在心中的房間養植物，並一直去意識這件事，結果真的出現了植物。現在我房間裡養的是百里香的盆栽。

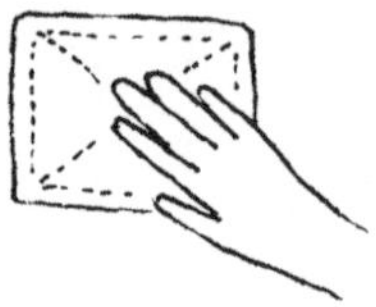

百里香有「勇氣」和「行動」等含意，雖然這只是花語，不過把自己欠缺的特點寄託在植物上頭，養育它們，我覺得是件很豐盈的事。

如果心裡有個房間，你也得去打掃。特別是情緒紛亂的時候，心裡的房間也會特別凌亂。像我的例子，每當一個全心投入的工作告一段落，頭昏腦脹地瞥了心中的房間一眼，房間內總是亂糟糟的，積了很多灰塵。

像這種時候，不要立刻把結論歸結於「是壓力，是太累了」，慢慢地去想像房間凌亂的程度吧。

如此一來，你會看見有不需要的東西掉落在意想不到的地方，讀到一半的書就堆在桌子上。

如果是這樣，請在想像中將書本輕輕放回架上，丟掉不要的東西，並清理抽屜裡的物品，擦拭髒污的地方吧。

要打掃自己真正的家，你非得回家一趟不可，但是要打掃心裡的房間，你可以在電車上，在辦公室短暫的休息時間，也可以在默默走路的時候執行。有時候花三十秒就可以結束，但有時候會比打掃現實的房間更花時間。

但只要你不辭辛勞經常檢查，你心裡的房間一定會愈來愈棒的。

○想像心中的房間，不時去整頓一下吧。

○維護心中的房間，也是在整理自己的心。

更新心的度量衡

「我們來談一談工作的方式吧。」

我常和工作伙伴討論這個話題，因為我希望能針對工作這件事認真思考，像是思考工作是什麼？我們是為了什麼而工作？公司都會規定出勤時間，形式上工作是以時間來計算的。

「從九點到五點。」

可是如果把這當作工作的度量刻度，我覺得未免也太沒有意義了。

當然，時間這項度量單位很重要。為了有效自我管理，避免白白浪費一天，有必要去思考時間要如何分配。

拿我的例子來說，早上我不會和別人見面，而是集中精神在思考企畫案或者做決策。以「關門營業」的形式，一個人埋頭工作。相對的，下午我則會用來聽編輯部成員的意見，出外收集情報，和很多人見面等等。

如果太過於意識時間單位，很可能會掉進隨著時間過去就會自動完成什麼的錯覺。所以，重要的是不要去意識時間，而是把焦點放在今天完成了什麼，以這種態度面對工作。

如果以時間當作度量單位，只能測出你工作了幾小時。另一方面，如果以「今天要做的事」當作度量單位，則可以測知今天一天之中自己完成了什麼。所以，不是以時間，而是以工作的內容，請更新你心中那把度量尺的刻度吧。

我很喜歡舊式規尺，還會到跳蚤市場或舊貨店收集木製或塑膠製的產品。量布的布尺，木匠用的木工尺，在紙上畫線用的直尺，規尺會因為專業領域的不同，規格有些微的差異。同樣的，我們心中要量測的東西也經常是千差萬別。

不是今天工作了幾小時，而是今天你完成了什麼？你心中一定要有一把尺能測知這件事。

〇不管是什麼工作，重要的不是所花費的時間，而是內容。

〇工作前請先決定優先順序吧。

爬樓梯的規定

如果是由別人制定、硬被逼著遵守，規定這種東西我實在礙難遵命。

但如果是由自己決定，自己執行，那規定也可以視為是人生的意義。每一天我都依循著自己制定的規定開開心心過日子。

規定，是用來要求自己、為了自己好的原則。

規定，是給明天的自己的約定。

我一直是這麼認為的。

「數年後，我想做〇〇。」

「總有一天，我想當個〇〇。」

很多人會有這種想望，並且付諸語言，但光是如此夢想仍然無法實現。

如果不能像爬長長的樓梯那般，一階梯一階梯地，每天每天毫不間斷地準備，就

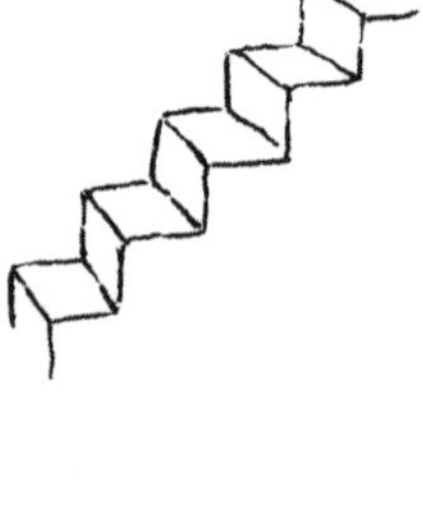

無法抵達目標地點。

相反地，如果制定出能夠每天確實爬樓梯的規定，只要去執行，就一定會有結果。自己的規定——是否去要求自己，和明天的自己定下約定——有沒有這個東西，會大大影響一個人的未來。

我每年會訂下三個規定，但不是每個規定都是為了促使自己往上、再往上，因為如果都是令人氣喘吁吁的任務，約定只會使自己受到約束失去自由，結果落得呆呆站在樓梯平台的下場，陷入窘境。其中，是可以有些較緩和的任務。

此外，我還會制定家庭中的規定。當然，這得由全家人一起執行。

其中之一是，「以笑容對待食物」。

遵循這個規定，做好享用食物的心情準備，這麼一來，再尋常不過的羊栖菜燉菜也會變成一道美食。面對生活的姿勢，也會變得端正。

「來說謝謝吧。」

我覺得這也是個很不錯的家庭規定。

「這不是幼稚園的規定嗎？好像是有小朋友的家庭啊」，或許有人會覺得好笑，但我倒是覺得家裡有大孩子的家庭或是只有大人一起住的家庭，更需要這個規定。

夫婦結婚多年以後，一起做的事會逐漸變少，如果沒注意到對方在做什麼，自然也很少有機會說「謝謝」。

不過如果不把這想成規定，想成是「約定」，意外就能做到。

而且家人間互道「謝謝」能加深彼此的信賴感，減少不安。這也關係到彼此價值觀的交流。

不管是為了登上夢想階梯所做的規定，還是為了增強家族信賴感的規定，如果是自己制定的，自然而然會想要「遵守」。不管是多麼微不足道的規定，只要能確實遵守，就會產生自信和驕傲。

違反的時候不施以處罰，而是在遵守的時候得到美好的獎賞，你要不要也馬上來制定一個像這樣的規定呢？

○規定，是和明天的自己所做的約定。

○不只是自己，家人之間也訂個規定如何呢？

深挖同一個坑

執著是件美麗的事。

專一執著是人生在世的必要條件，也是一個人的魅力所在。

「這麼不起眼、看起來沒什麼用處的事，一直孜孜不倦地繼續能幹什麼呢？」

就算腦中閃過這個疑惑，也絕不能放棄自己的執著。

「你也差不多該想點更有效率的做法吧？」

就算周圍的親朋好友都這麼建議，也絕不能死心。

挖，挖，一直挖。就算什麼都沒挖到，還是繼續挖。

因為就在你想著「啊啊，好累，再挖也是沒用，我受不了了」的瞬間，寶物就會出現。

因為你的執著，一直有人在看著。

都已經開挖了，就算只是個小洞，如果你挖到一半就放棄，一切都只是徒然。

「他那麼優秀，為什麼就是沒有『代表作』呢？」有時候，會遇到這種人。我這裡所說的「代表作」，並不是指作家或藝術家的作品。

我指的是一般的事務、業務或販賣工作；或是有拿手菜、可以演奏喜歡的樂器之類的。照理說，每個人應該都有各自的「代表作」，但愈是聰明靈巧的人，往往愈是不容易找到。

理由一定是他們在挖了一個洞之後，往往因為成果沒出現，就想著「另一邊搞不好有好東西」。因為優秀，很擅長挖洞，所以他們一個接一個地朝不同的洞出手。

結果到了最後，他們只是在各處製造出許多半途而廢的小洞，始終無法抵達寶石的礦脈。就算擁有很多專業資格，還是比不過那些始終深挖同一個洞的人的執著。

好奇心很重要；對很多事情有興趣，我認為一點都不是壞事。可是，「挖掘」這個行為和「好奇心」是兩回事。

在挖洞的起跑線上，有沒有才能沒有關係；在持續挖掘的過程中，也不特別需要「技術」。不管要在什麼地方挖什麼樣的洞，開始動手就對了。

重要的是開始之後要一心一意地持續挖掘同一個地方。

繼續執著，在那裡找到自己的快樂。

不過如此而已。

◯笨拙一點也沒關係。執著可以成就一個人的個性。

◯不可以拋下自己的執著。

思考的開關

「想」和「思考」是兩件事。

在「想」的時候，人是輕鬆的，就像是自己輕飄飄地浮流在無邊無際的想像之中。心情也很放鬆，像是自在遊玩的感覺。

正因為如此，我們常常會「想」。

鳥鳴勾起了遙遠的夏天早晨的回憶，或者突如其來的，想起前天喝到的花草茶十分美味。「想」這件事，也許就像是在無意中隨寫亂畫的行為。

另一方面，說到「思考」，那就是完全不一樣的事了。

我們會「回過神來才發現自己沉浸在思緒之中……」，但並不會「回過神來才發現自己正在思考」。如果有人這麼認為，那也只是錯覺。

因為「思考」應該是更需要主體意識的事情。帶點緊張感，決定「來思考吧」，之後將注意力專注在一個問題上。

不管是工作上的事、人際關係，還是不知道的事物，抱著想「知道事物本質」這個目的，為了察知本質反覆進行「那是什麼？」的推理；這個過程，我定義為「思考」。

如果「想」是隨心所欲的塗鴉，那麼「思考」便是認真的素描。就像在描繪模特兒肌膚的質感、肌肉的線條那樣，需要細密的觀察。素描本上的每一根線條都是有意義的。

因此「思考」要比「想」辛苦多了，並沒有那麼容易。

不過，人得經過思考才會有新發現，也才能和昨日的自己有所不同。

「思考很重要」，這是我的信念。

所以我每天都認真思考，到了「再思考下去腦袋都要冒煙」的程度。

接下來，要介紹一個我平時啟動「思考的開關」的方法。

首先，找個身邊的東西一直盯著看，像是咖啡杯。然後，決定一個主題，去思考「這個咖啡杯的本質究竟是什麼」。

盯著咖啡杯一段時間，從視覺取得情報。

「表面有點凹凸不平。」

「是白色的，握把很順手。」

「內側有些茶色髒污。」

觀察完畢後，接下來盡可能提出疑問。

「這個咖啡杯是在哪裡生產的？」

「製造者是什麼樣的人？」

「是以什麼材質製成？是花了多少時間才決定出這個形式？」

像這樣列舉出許多提問之後，接下來就輪到想像力上場了。

有些問題不需要思考太久就能得出答案，像是材質之類。不過，如果要思考杯子是什麼樣的人做出來的，這種問題就需要全方位的想像力。

「可能是外國工廠生產線上的歐巴桑們做出來的。」

「也可能是小型窯場的工匠做的也不一定。」

得出幾種答案之後，再針對每一種答案進行思考。在逐漸深入思索的過程中，你便自然而然可以看見「通往咖啡杯內在世界的入口」。

以咖啡杯之類無關緊要的物品當主角，認真地進行思考，可以鍛練集中力、培養思考能力，是一種很好的訓練。

因為平常我們往往只針對重要的事，進行單方向的思考而已。

環視四周，來，想一下，你要先從什麼東西開始下手呢？

○「想」和「思考」是不一樣的事。

○要進行「思考」，必須更具主體意識和緊張感，集中精神。

心平氣和的生活

每一天，每一天，而且一天之內有好幾次。

我會不時停下腳步，然後問自己：

「我現在是平心靜氣的嗎？」

我們一不小心就可能會落得像被河流吞沒的樹葉，就算不是身處紛爭中心或是人在事發現場，仍舊經常可能被牽連。

「大事不好了！」

可能是朋友打電話給你。

「這也是，那也是，什麼事都不幫我，那我該怎麼辦啊！」

也可能是某個家人提出了你覺得不合理的請求。

明明和自己沒關係，但卻被牽扯進某人和某人的糾紛之中；工作上，意料不到的失誤、申訴、意外更是家常便飯。

此外，比起來自周圍的影響，自己的情緒也可能無故被挑動，一不小心就感情用事，鬧彆扭發脾氣。

即便如此，我們仍不該使自己的心擾亂，也不該受人影響，因為忘記了平常心，失去了平靜，就無法守護自己理想的生活。

我們應該盡可能保持心平氣和，隨時保持平常心，以自己的步調用心地生活。這樣的心理準備可以幫助自己跨越大部分的挑戰，而且慌慌張張的也不可能會有什麼好事。

正因為講起來簡單但做起來不容易，我們應該比照照鏡子的頻率，每一天每一天，一天之內好幾次，好好地思考：

「現在，我是平心靜氣的嗎？」

○心平氣和是健康的證據。

○心平氣和也是為了過理想的每一天的重要一步。

自己的腳下

我想這世上確實存在著像俄羅斯娃娃（matryoshka）一般的教訓。

這款俄羅斯童玩的人偶身體裡，藏有好幾個小尺寸的人偶，據說原型是箱根的嵌套娃娃。打開色彩斑斕的娃娃人偶，出現同樣造形但體型小了一號的人偶，一個一個打開，最後出現的娃娃很小很小一個，宛如果核一般。

中學的時候我曾離家一段時間，和幾個世間所謂的問題學生同學一起住進一戶人家。

那裡的阿姨教了我們這群不受拘束長大的孩子很多事，從筷子的拿法到刷牙的方式，管教的方式就像在教小朋友。

其中，阿姨最常提醒我的是「鞋子要靠攏攏好」。

如果拖鞋脫了沒收好，就會狠狠吃上一頓排頭。

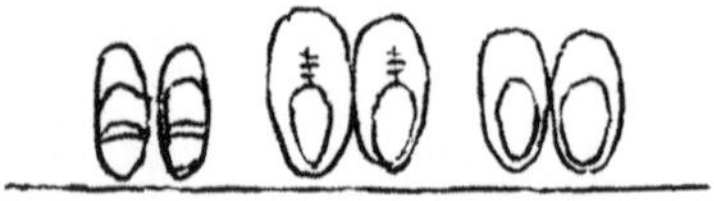

「從鞋子有沒有對齊擺好，可以看出那個人的生存方式喔。鞋子脫下後，為了方便之後穿上，要整齊擺好。而且不只是自己的鞋子，別人的鞋子也要一起排整齊。」

起初我做得很不情願，但不久鞋子靠攏擺好已經成了我的習慣，現在不必特別意識也會這麼做。

我一直對此心存感謝，但長久以來，我只單純把阿姨的教訓當成一種禮節和教養。等我發現「鞋子要擺好」這個教訓裡藏著小小的核，已經是很久以後的事了。

「人總是不由自主地一味看著遠方，但重要的應該是自己的腳下，離自己最近的地方。所以鞋子要擺好，隨時注意自己的腳下。」

阿姨想教給我們的大概不是鞋子的事，而是這個訊息吧——在突如其來的某一刻，我終於抵達了阿姨話語深處的深處的那個小小的核。有些道理在聽聞的時候沒有理解，一直要到事過境遷才會意會過來。

○在從前別人教導自己的事情中，我希望能發現真實的意義。

○在禮節和教養當中，蘊涵著真正重要的事。

不可或缺的五十個人

聽說，一般人的朋友加上相識的人大致有五十個人。

也就是除了家人和戀人，那些和自己有關聯的特別的人。

至於這個數字是多是少，我想結論因人而異。

不過，這就代表著在你面前的那個人背後各自存在著五十個人。

試著想像一下，會發現人與人的連鎖擴展簡直就像樹木的枝葉生長。

緣分不可思議的圖紋總是令我感到讚嘆，從一個人連鎖到另一個人，那就像無限發展的樹狀圖，教人不禁生出敬畏之意。

因為如此，我想用心誠實地和每個與自己有關係的人交往。無論何時，都以同樣正直、親切的態度對待他們。

因為正是那五十個人可以教導自己一些事，讓自己幸福。能憑一己之力做到的事其實並不多，我們總是得仰賴有人來幫助自己，帶給自己好運。

這麼一想，我實在沒辦法馬虎對待自己交往的對象。

我也決定了，要隨時做好準備來迎接交往前的邂逅。為了不管何時和誰見面都能變成朋友，舉止、言語和服裝儀態都要事先調整妥當。

心的清潔更是尤其重要，為了能夠以坦白真率的心來面對美好的邂逅，心裡不能懷有怨恨、嫉妒的心思。

與其說「不這麼做」，應該說我「絕不想這麼做」。因為總覺得做出那種事，就像在主動遠離那些在等待與你相遇的邂逅對象。

就算不當真看待「五十人」這個數字，與人交往還是有一定的負荷量，我不會一再要求更多。

而且在那些與你結緣的五十人當中，有些人就算你不主動宣言要絕交，也會自然而然終止關係。

這不是因為「討厭對方，無法信任對方」了，而是關係的均衡問題。

人的價值觀、思考模式、生活習慣和生活方式一直會改變，因此每段關係也並不保證都能永遠持續。

這個五十人集團是由相遇的人、交往的人、斷絕來往的人不斷循環組成，而我希望能永不中斷地好好珍惜，用心地妥善照顧。

○與一個人為敵，也就是和他背後的五十個人為敵。

○好好珍惜人際關係，用心地妥善照顧吧。

珍惜家人

「恰恰好的每一天」，也就是使自己幸福。

為了讓自己幸福，就要讓自己周圍的人幸福。

不管發生什麼事，這都是不變的真理。

除此之外，還有一個「絕對不可以忘記」的真理，那就是要珍惜家人。

父親，母親，兄弟姊妹，配偶，子女，祖父母。

由於我很早就自立了，和雙親的關係意外淡薄。我們平常沒有住在一起，也並不是時常來往。

正因為如此，我會盡可能找機會打電話回家，找時間去探望他們，把這當作自己的重大課題。

愈是親近的人，我們往往愈容易馬虎對待，所以我時常對自己立誓，絕不能忽視妻子和女兒。因為工作而犧牲重要的人，這是絕對要不得的事。

即便你是舉目無親的天涯孤獨之身，也不要忘了所謂家族也包含了祖先在內。雙親的雙親……的雙親，在那連綿接續的血脈之中，只要少了一人，自己就無法存在。連結無數偶然的線，生命方能賴以延續。

馳想於這個事實，使我不禁打從心底覺得家人是自己必須無條件感謝，萬般珍惜的存在。

和家人一起去掃墓吧，也千萬不要忘了對祖先的思慕之情。

○找時間和家人一起去掃墓如何呢？

○這是為了讓自己去感謝那些偶然連結的生命牽絆。

想當農夫

如果被問到「你想當個什麼樣的人？」，我會回答「我想當農夫」。

因為我認為這是生存的根本。

想過恰恰好的人生，大前提便是要自立。

自立也就是不依附他人，自己取得生存的糧食。不能做到這點，就得配合他人而生。可是如果要配合他人，便無法以對自己最自然適切的個性而生。

自立的根本是食物的取得，而這有兩種方法。看是要以獵捕的方式，或是要以收成的方式。也就是說，看你要當獵人還是農夫。

獵人要去旅行尋找獵物，捕捉現有的東西。

而農夫則是要在什麼都沒有的地方播種，一面照顧一面等待農作長成，然後採收熟成的作物。

每個人的行事風格不同，或許有些人就是適合當打死獵物的獵人。

可是對我而言，「要獵殺生命」實在是不合個性，還是播種等待的做法比較適合我，我也希望自己當個這樣的人。

比起在外奔波的獵人，農夫感覺起來比較被動樸實，不過這是誤解。不管是什麼工作，播種都是必要的，而「要在哪裡播下什麼種子」的行為，也就是一種創造。

有句諺語「Labor and to wait」，意思就是「行動，然後等待結果」，如果不播種，什麼都不會開始。

在播種的同時，「等待」也是一件很重要的事。

雖然已經播種了，但這不代表立刻能夠收穫。要一面等待時機成熟一面看護照顧，否則就無法得到成果。

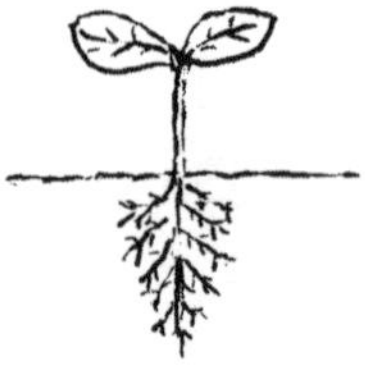

然而，播下種子收穫到手後，我們時常會產生一種誤解，以為：

「就算放著不管，也會自動發芽結果。」

這是愚蠢而且十分可怕的錯覺。

即便放著不管，隔年或許真的會發芽結果；運氣好的話，再隔一年搞不好也能收成。

可是，生產的果實應該會一年比一年小，然後到了最後，有一年終於完全不結果了。等到那時候再慌慌張張地播種，不等上一段時間是無法有收成的。

播種等待——不忘等待，即便收獲了一次，每一年還是繼續播下不同的種子，有時則在不同的地方播種。

當個農夫，我認為也就是一種生存的手段。

○不管是什麼事，播種和照顧都很重要。

○話說回來，你又想過著什麼樣的生活呢？

後記——「理所當然」的本質

「重要的不是你在看什麼，而是你看見了什麼。」

這句話是美國詩人兼作家亨利．大衛．梭羅留下的，我很喜歡。梭羅告訴我們無論是什麼事首先要看出本質，為了做到這點，每一種事物都要仔細觀察。

我以梭羅的這句話做為訣竅，總是在工作或生活上探求新的「理所當然」，希望能夠和許許多多的人分享幸福而生。

另外，梭羅還曾說過一句話，「什麼都沒有改變，改變的是我們」。

而這句話也意謂著：為了保持不變，改變是很重要的。

不改變，也就是經常保持自己的本色。但為了保持自己的本色，我們不得不成長。也就是說，要一直變化。

就算眼前所見的事物改變了，但世界和社會的本質一點也沒變。正因為如此，我們應該經常以自己的方式更新自己。梭羅說，我們應該拿出勇氣成長。

我身為《生活手帖》的總編輯，當我被問到「決定企畫內容的基準是什麼？」，我的回答是「此時此刻，我覺得是理當如此的新價值觀」。不管是美食消息，還是手工藝報導、旅行記事，甚至是對工作的想法、進行方式、手法等所有的事，對我而言都是「嶄新的理所當然」的提案。

在我經營的小書店COW BOOKS也是一樣，從商品採購、店內裝潢、待客方法，同樣的，還有對工作的想法、進行方式、手法等，全都是「嶄新的理所當然」的提案。就算是放到寫作工作上來看，一切也都沒什麼不同。

「理所當然」不是規定，「理所當然」的本質是夢與希望。「嶄新的理所當然」也就是指新的夢想。新的夢想，正是使我們的今天過得幸福的寶石。

嶄新的理所當然

作　　者　松浦彌太郎
譯　　者　張富玲
責任編輯　林如峰
國際版權　吳玲緯　蔡傳宜
行　　銷　艾青荷　蘇莞婷
業　　務　李再星　陳紫晴　陳美燕
主　　編　林怡君
編輯總監　劉麗真
總 經 理　陳逸瑛
發 行 人　凃玉雲
出　　版　麥田出版
台北市中山區104民生東路二段141號5樓
電話：(02) 2-2500-7696　傳真：(02) 2500-1966　blog：ryefield.pixnet.net/blog
發　　行　英屬蓋曼群島商家庭傳媒股份有限公司城邦分公司
台北市民生東路二段141號11樓
網址：www.cite.com.tw
客服專線：02-25007718・02-25007719
24小時傳真服務：02-25001990・02-25001991
服務時間：週一至週五09:30-12:00・13:30-17:00
郵撥帳號：19863813　戶名：書虫股份有限公司
讀者服務信箱E-mail：service@readingclub.com.tw
香港發行所　城邦（香港）出版集團有限公司
香港灣仔駱克道193號東超商業中心1樓
電話：(852) 25086231　傳真：(852) 25789337　E-mail：hkcite@biznetvigator.com
馬新發行所　城邦（馬新）出版集團【Cite (M) Sdn Bhd】
41-3, Jalan Radin Anum, Bandar Baru Sri Petaling, 57000 Kuala Lumpur, Malaysia.
電話：(603) 90563833　傳真：(603) 90576622　E-mail：services@cite.my
封面設計　許晉維
印　　刷　漾格科技股份有限公司
初　　版　2011年（民100）7月
二版一刷　2019年（民108）4月
二版七刷　2023年（民112）9月

定　　價　新台幣260元
I S B N　978-986-344-640-8　Printed in Taiwan

國家圖書館出版品預行編目資料
嶄新的理所當然／松浦彌太郎作；張富玲譯
.－二版.－臺北市；麥田出版；家庭傳媒城
邦分公司發行，2019.4
　面；　公分
譯自：あたらしいあたりまえ。
ISBN 978-986-344-640-8(平裝)
1.修身 2.生活指導
192.1　　108002933

松浦彌太郎作品集——

今日もていねいに。

今天也要用心過生活。 在看不到的地方也保持天真

あたらしいあたりまえ。

嶄新的理所當然。 是新的夢想，使今日的我們幸福的寶石

あなたにありがとう。

謝謝你。 不僅限於交友，這也是一本在生活中與人相處的備忘錄

愛さなくてはいけない ふたつのこと。

不能不去愛的兩件事。 這是寫給心中懷抱著「不安」與「寂寞」的朋友的一本書

40歳のためのこれから術。

給40歲的嶄新開始。 不論你現在幾歲，一切或許都還來得及

ISBN 978-986-344-640-8 00260 RV1011X NT$260 HK$87 建議分類：人生哲學
麥田出版
Rye Field Publications,
a division of Cité Publising Ltd.

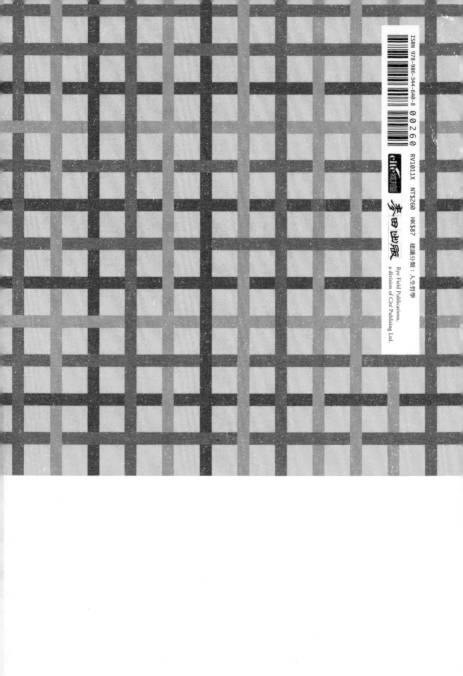